Renate Frank
Glück

Renate Frank

Glück

Lebe deine Stärken!

Mit einem Vorwort von
Werner Tiki Küstenmacher

Patmos

Bibliografische Information der Deutschen Nationalbibliothek
Die Deutsche Nationalbibliothek verzeichnet diese Publikation in der
Deutschen Nationalbibliografie; detaillierte bibliografische Daten sind
im Internet über http://dnb.d-nb.de abrufbar.

© 2008 Patmos Verlag GmbH & Co. KG, Düsseldorf
Alle Rechte vorbehalten
Umschlagmotiv und Umschlaggestaltung: init . Büro für Gestaltung, Bielefeld
Printed in Germany
ISBN 978-3-491-40134-1
www.patmos.de

Inhalt

Vorwort von Werner Tiki Küstenmacher	9

Glück – ein altes und immer wieder neues Thema

Glück – ein altes und immer wieder neues Thema	11
Engagement führt zu erfüllendem Glück	11
Eine Reise ins Land des Glücks	14
Übung: Eine erste Begegnung mit dem Glück	16
Fünf Personen – fünf Ansichten über Glück	19
Glück ist lebensnotwendiger Lernstoff	22

Was ist Glück?

Was ist Glück?	25
Vergnügen oder Engagement und Erfüllung?	25
Glück als ganz besondere Lebenserfahrung	27
Übung: Im Haus des Glücks	39
Was ist der rechte Maßstab für Glück?	41
Wozu brauchen wir Glücksgefühle?	46
Ist die Menschheit ausreichend glücklich?	49
Eine einfache Formel für Glück	53
Die hedonische Tretmühle	55
Neun Impulsgeber für Glück	56
Übung: Die Freuden der Kindheit entdecken und gut aufbewahren	66
Drei Wege zum Glück	70

Vergnüglich leben

Vergnüglich leben	74
Die Freuden des Alltags	74
Achtsamkeit und Genussfähigkeit	75
Übung: Tagebuch der schönen Augenblicke	82
Genießen lernen und Genuss kultivieren	83
Übung: Urlaub im Alltag	87

Ein engagiertes Leben führen

Ein engagiertes Leben führen	90
Etwas für sein Glück tun – es lohnt sich!	90
Das geheimnisvolle Glück des »Flow«	91

Flow kann man lernen	98
Lebensziele entwickeln	100
Übung: Am blauen Meer der Möglichkeiten	100
Übung: Ratschläge für ein gutes Leben	109
Übung: Alles ist möglich	109

Mit den eigenen Stärken zum Glück 120

Ein beispielhaft authentisches Leben	120
Auf das Positive blicken	123
Menschliche Stärken und wie man sie am besten entfaltet	125
Übungen: Seine Stärken üben	128
Sich selbst mit seinen Stärken sehen und Schwächen akzeptieren	131
Übung: Sich von den eigenen positiven Seiten begeistern lassen	137

Der Weg zum Glück: Das 7-Tage-Programm 141

Täglich bewusst die eigenen Stärken leben	141
Innehalten und Bilanz ziehen	141
Übung: Glücksfragen	142
Kursänderung erwünscht? Entwickeln Sie Ziele für Ihren Alltag!	143
Tag 1: Lernen Sie Ihre eigenen Stärken besser kennen	147
Tag 2: Andere zum Mitfreuen anregen: Erzählen Sie Ihre Erfolgsstory	151
Tag 3: Dankbarkeit strahlt zurück – vom Glück der Anerkennung und Wertschätzung	153
Tag 4: Aller guten Dinge sind drei: Was hat Ihnen der heutige Tag gebracht?	154
Tag 5: Öfter mal was Neues: Realisieren Sie heute Ihre größte Stärke	155
Tag 6: »Ich habe keine Stärken ...« Warum den inneren Nörglern glauben?	156
Übung: Sehen, Hören, Spüren	156
Übung: Eine angenehme Überraschung	159

Tag 7: Vergeben befreit	160
Ziehen Sie Bilanz: Lust und Last eines engagierten Lebensstils	162
Übung: Mein Traumjob	163
Wenn Selbsthilfe nicht ausreicht	164
Zum Schluss: Ein leuchtender Stern als Begleiter	165
Anhang	166
Anmerkungen	166
Literatur	167
Zitatnachweis	170
Bildnachweis	170

Vorwort

Liebe Leserin, lieber Leser,

noch ein Buch über Glück? Da gibt es doch schon eine ganze Menge von. Ja, natürlich. Aber jetzt haben Sie dieses aufgeschlagen – und fangen sogar schon an, das Vorwort zu lesen! Auf den nächsten Seiten wird Ihnen Renate Frank erklären, dass es in ihrem Buch weniger um das Zufallsglück geht (englisch: *luck*), sondern um das Wohlfühlglück (englisch: *happiness*). Momentan allerdings wurden Sie vom Glück des Zufalls zu diesem knallgrünen Werk geführt.

Wenn Sie diesen Zufall nicht als blinden Treffer Fortunas werten, sondern als glückliche Fügung, haben Sie bereits einen wichtigen ersten Schritt zum Glücklichsein gemacht. In unserer Mediengesellschaft werden Sie Tag für Tag eingedeckt mit Tausenden Büchern, Zeitschriftenartikeln, Radiosendungen, Fernsehbeiträgen und Werbebotschaften. Welches Buch, welchen Artikel oder welche Sendung Sie sehen, unterliegt größtenteils dem Zufallsprinzip. Man könnte es den Lotto-Effekt nennen. Und das Zufallsglück bei der Auswahl Ihrer Medien ist nur die Spitze des Eisbergs.

Ihr ganzes Leben bestand und besteht aus solchen Zufälligkeiten: in welchen Teil der Welt es Sie oder Ihre Eltern verschlagen hat; in welche Schule Sie kamen; wer Ihre Freunde waren; in welchen Kreisen Sie verkehrt haben; welche Partner fürs Leben Sie kennengelernt haben – alles eine Kette von Zufällen. Ob es glückliche Zufälle waren oder unglückliche, ob Sie es als Pech betrachten sollten oder als Glück, das stellt sich oft erst nach langer Zeit heraus. Manche können darin eine höhere ordnende Intelligenz entdecken, andere empfinden ihr Leben als pure Dauerlotterie. Fast alle aber sind immer wieder aufs Neue entsetzt, wie wenig sich wirklich in ihrem Leben steuern lässt: die Krankheit, von der sie erwischt werden; der Verkehrsunfall, in den sie geraten; die Menschen, denen sie begegnen; die wirtschaftliche Situation, die sie umgibt.

»Wo bleibe ich denn da?«, fragen dann viele. »Gibt es für mich überhaupt irgendeine Freiheit?« Ja, die gibt es: Wie Sie sich gegenüber dem verhalten, was Ihnen widerfährt, das liegt vollkommen in Ihrer Hand. Total, 100 Prozent. Ihr Leben, Ihre Zufriedenheit, Ihr Glück beruhen auf Ihrer Einstellung dazu. Dass Sie so sind, wie Sie sind, können Sie als

Schmach empfinden oder als Geschenk, als Strafe oder als Lohn, als Unglück oder Glück.

Die Tatsache, dass Sie dieses Buch noch immer nicht aus der Hand gelegt haben und jetzt bereits den fünften Absatz des Vorworts lesen – diese Tatsache können Sie als Belanglosigkeit werten. Oder als eine entscheidende Weichenstellung in Ihrem Leben.

Ich schlage Ihnen vor, die zweite Möglichkeit zu nehmen. Probeweise. Blättern Sie um und buchen Sie eine 7-tägige Reise zu den Stärken in Ihrem Inneren. Sie werden staunen, was in Ihnen steckt und wie viel Glück Sie noch erfahren können. Angefangen hat es doch schon gut: mit dem Glücksgriff, der Sie dieses Buch hat öffnen lassen.

Eine glückliche Reise wünscht Ihnen

Werner Tiki Küstenmacher

Glück – ein altes und immer wieder neues Thema

Engagement führt zu erfüllendem Glück

Glücklich sein möchte jeder, aber wie viele Menschen sind wirklich glücklich? Man würde es vielleicht so nicht vermuten, aber psychologische Untersuchungen zeigen immer wieder, dass die Mehrzahl der Menschen sich als glücklich erlebt. Doch nicht alle Menschen kennen diesen Zustand. Manche können sich nicht einmal vorstellen, was Glück für sie bedeuten könnte. Denn sie leben in so schwierigen Lebensverhältnissen, dass sie all ihre Energie dafür einsetzen, noch größeres Unglück von sich abzuwenden. Könnten Sie lernen, auch einen Teil Ihrer Kräfte dafür zu verwenden, ein wenig Glück abzubekommen?

Bedeutet glücklich sein, dass man ein erfülltes Leben mit Vielfalt und Lebendigkeit führt, mit dem man sehr zufrieden ist? Schieben wir die Antwort hierzu noch einen Moment auf. Fragen wir erst einmal, was Glück ist und wie es überhaupt zustande kommt.

»Glück, das ist etwas, das man zugetragen bekommt«, meinte eine meiner Patientinnen. Ist Glück also etwas, worum wir uns gar nicht besonders bemühen müssen? Kommt Glück ganz ohne unser Zutun zustande? Wir hätten es ja durchaus ganz gern, wenn uns das Glück wie ein Geschenk des Himmels zufiele und all unsere Wünsche in Erfüllung gingen, ohne dass wir uns viel darum bemühen müssten. Zwei Drittel der Menschen in Deutschland denken so, wie bei einer Umfrage des Allensbacher Meinungsforschungsinstituts ermittelt wurde. Besser wäre es für uns und unser persönliches Glück allerdings, wir dächten anders. Gut wäre, wir kümmerten uns mehr darum, wie sich unser Glück hervorlocken lässt.

Natürlich gibt es immer wieder einmal Glück als ein Produkt des Zufalls. Man findet zum Beispiel plötzlich etwas sehr Geliebtes wieder, das man lange gesucht hat, oder man trifft ganz unverhofft auf alte Bekannte, die man jahrelang nicht gesehen hat, aber seit langem gern wiedersehen wollte. »Glück gehabt!«, sagt man dann. Man sagt es auch, wenn man bei einer Rutschpartie auf eisglatter Fahrbahn zufällig doch noch zum Halten kam und alles noch einmal glimpflich abgelaufen ist. Aber war es in diesem Fall der reine Zufall? Waren es nicht vielleicht doch eher die guten Winterreifen, der Schotterstreifen oder die eigene gute Reaktionsfähigkeit, die zu diesem Glück beigetragen haben? Denn schon ein kleiner eigener Beitrag kann die Chancen auf das eigene Glück manchmal entscheidend steigern. Auch wenn man Glück »zugetragen« bekommt, wie meine Patientin meinte, muss man dennoch ein wenig dafür sorgen, dass man es auch erhält. Zumindest muss man sich richtig in den Wind stellen, wenn man etwas vom Glück abbekommen möchte.

In vielen Sprachen wird das Glück des Zufalls deutlich von einer anderen Form des Glücks, nämlich dem Glück als einer Form der Erfüllung, unterschieden. Im Englischen gibt es zum Beispiel den Begriff *luck* (zufälliges Glück), aber auch den Begriff *happiness* (Glück im Sinne von Erfüllung). Im Italienischen wird zwischen der eher zufälligen *fortuna* und der erfüllenden *felicità* unterschieden. Im Französischen werden das zufällige Glück mit *fortune* und das erfüllende Glück mit *bonheur* bezeichnet. Nur im Deutschen wird in beiden Fällen unterschiedslos von *Glück* gesprochen. Um das eher zufällige Glück soll es in diesem Buch jedoch nicht gehen. Wir wollen uns vielmehr vor allem dem *erfüllenden* Glück zuwenden, aber auch das *vergnügliche* Glück im Auge behalten und genauer betrachten, um welche Formen des Glücks es sich hierbei handelt.

Ein glückliches Leben mit Vielfalt und Lebendigkeit ergibt sich durch das Überwinden von Anstrengungen, hat die inzwischen über neunzigjährige Meinungsforscherin Elisabeth Noelle-Neumann stets betont. Entsprechend hat sie sich auch immer wieder sehr vehement dafür ausgesprochen, zielgerichtete Aktivitäten zu entfalten und neue Herausforderungen des Lebens willig anzunehmen. Denn mit solchen eigenen Anstrengungen entfaltet man genau die glückbringenden Kräfte, die das eigene Selbstbewusstsein enorm stärken. Und dies wird vor allem dann unausweichlich der Fall sein, wenn man durch eigene Anstrengungen positive Ergebnisse erzielt. Schauen wir uns dazu das Beispiel einer 70-jährigen Frau an. Sie ließ sich von ihren Enkelkindern dazu überreden, sich einen Computer zu kaufen, denn die Enkelkinder wollten sie gern per Email erreichen können. Zwar beherrschte diese Frau durch ihre frühere Tätigkeit als Sekretärin das Zehnfingersystem und war sich sicher, die Tastatur bedienen zu können. Aber Email? Sie zweifelte, ob sich die Anstrengungen für sie lohnen würden, in ihrem Alter noch den Umgang mit PC und Internet zu erlernen. Doch ihre Enkelkinder bedrängten sie sehr und versprachen, es ihr beizubringen. Also nahm sie die Anstrengungen auf sich, noch einmal etwas völlig Neues zu lernen. Was war ihr Zugewinn? Sie hatte plötzlich viel mehr Kontakt zu ihren Enkelkindern. Interessant für sie war vor allem aber auch, dass sie einen völlig neuen Umgang mit ihnen erleben konnte. Denn nun war sie die Lernende und ihre Enkelkinder waren die Kompetenten. Ganz stolz waren die Enkel darüber, dass sie ihr, der viel Älteren, etwas beibringen konnten. Bisher war es immer umgekehrt gewesen. Mit dem, was sie durch ihre Enkelkinder dazugelernt hatte, nahm sie nun auf eine ganz neue Weise am Leben teil. Sie fühlte sich wieder jung, munter und sehr selbstbewusst. »Ein wahres Glück, dass ich mich überreden ließ. Ich habe es geschafft und viel dazugewonnen!«, war ihr Resümee.

In diesem Buch wird es insbesondere um diese und andere Formen des persönlichen Engagements gehen. Im Engagement liegt die große Chance, das eigene Glück bewusst entfalten und nach den eigenen Vorstellungen gestalten zu können. Außerdem wird es um die eigenen Stärken gehen, die reichlich an der Zahl sein können, wenn man genau hinschaut. Erkennt und nutzt man sie, dann hat man gute Chancen, im Umgang mit anderen und in der Gestaltung des eigenen Lebens damit sein Glück hervorzulocken. Vor allem wird es aber gelingen, ein *erfülltes* Leben zu führen. Fehlen darf bei all dem natürlich auch das nicht, was man landläufig noch am ehesten mit Glück verbindet, nämlich ein *vergnügliches* Leben mit viel Freude, Spaß und Wohlbefinden. Der Philosoph Wilhelm Schmid hat diese Form des Glücks kurz und bündig als *Wohlfühlglück* bezeichnet.

Das Glück des einen muss keineswegs auch das Glück des anderen sein. Wirklich glücklich werden können nur jene Menschen, die genau wissen, was sie glücklich macht. Es gilt also, das ganz persönliche Glück zu suchen und zu finden. Das Buch liefert dazu viele Informationen und Übungen. Im zweiten Teil des Buches gibt es darüber hinaus dann ein 7-Tage-Programm zur ganz bewussten Ausgestaltung des eigenen Glücks.

Eine Reise ins Land des Glücks

Eine Fantasiereise soll uns in das Thema dieses Buches einstimmen. Diese Reise wird ins Land des Glücks gehen, in dem auch die Liebe, das Lachen, das Vertrauen und die Geborgenheit zu finden sind. Die Landkarte, auf der diese Gegend verzeichnet ist, stellt eine wundervolle Reise in Aussicht, bei der paradiesische Momente nicht fehlen werden. Unser Ausgangspunkt ist allerdings noch ein ganzes Stück von dieser bezaubernden Gegend entfernt. Wir fahren zunächst am schönen »Fluss der Zuneigung« entlang und genießen die herrliche Aussicht. Dann müssen wir uns entscheiden, ob wir uns nach Westen wenden möchten und die Fahrt entlang des brausenden Flusses der »Begeisterung« fortsetzen oder ob wir lieber nach Osten, entlang des silbrig glänzenden Flusses der »Freundschaft« weiterreisen wollen. Den kalten »See der Gleichgültigkeit« lassen wir auf der Weiterreise links liegen, und das ferne dunkle »Meer der Feindseligkeit« ist auch besser zu meiden; es gibt keinen Grund, es sich näher anzusehen. Vielleicht könnte die erste Übernachtung im verlockenden Städtchen »Zärtlichkeit« erfolgen. Am nächsten Tag könnte man dann nachmittags im idyllisch gelegenen Dorf »Kleine Aufmerksamkeiten« Kaffee trinken. An den abstoßend klingenden Dörfern »Treulosigkeit« und »Taktlosigkeit« fahren wir vorbei, ohne anzuhalten. Wir überqueren dann die Brücke über den breiten Fluss der »Zuneigung« und reisen zum sonnigen Ort »Humor« weiter. Es gäbe aber auch noch andere vielversprechende Städte und Dörfer, wie den wunderschönen kleinen Ort »Lachen«, das ruhige Städtchen »Aufrichtigkeit«, den gemütlichen Ort »Geborgenheit« oder den sicheren, von einer hohen Festung umgebenen Ort »Vertrauen«, die einen Besuch lohnen könnten.

Diese wundervolle Reise ist einer sehr bekannten, allegorischen Landkarte aus dem 17. Jahrhundert entlehnt, die sich die französische Schriftstellerin Madeleine de Scudéry für ihren berühmt gewordenen Roman *Clélie* ausgedacht hat. Solch eine Landkarte des Glücks, der Liebe und Zufriedenheit lässt in unserem Kopf eine bunte, fantasievolle Welt entstehen, die uns auf spielerische Weise verlockende Wege zum Glück eröffnet und uns zu aussichtsreichen neuen Orten der Zufriedenheit führen kann.[1]

Als ich einmal in einer Therapiestunde eine Patientin ermunterte, eine solche imaginative Reise ins Land des Glücks anzutreten, meinte sie,

sie wisse gar nicht so recht, wie es da aussähe. Sie kenne das Land der Verzweiflung, aber das Land des Glücks? Sie wisse überhaupt nicht, was Glück sei. Also wisse sie auch überhaupt nicht, wie sie dorthinkommen solle. Wir konnten uns dann aber rasch auf das Bild von einer Brücke einigen, die vom Land der Verzweiflung ins Land des Glücks führt und über die sie gehen könnte.

Eine Brücke, wie sie auf Bildern des Malers Claude Monet zu sehen ist, sprach sie an. Solch eine Brücke könne sie sich gut als Übergang ins Bessere vorstellen. Und jetzt war sie bereit, sich vorzustellen, wie sie über diese grüne, glyzinienbewachsene japanische Brücke geht, und sich auszumalen, wie sie den Ort der Zufriedenheit besucht: Monets wunderbar duftenden Blumengarten in dem kleinen Ort Giverny nahe Paris. Sie stellt sich vor, wie sie in den Garten hineingeht: im Hintergrund das altrosa getünchte Haus mit seinen grünen Fensterläden, der von blühenden roten Rosen überwachsene Bogengang und die üppig blühende Kapuzinerkresse rechts und links des Wegs auf den Blumenrabatten. Vor dem Haus dann eine Bank, auf der man in der Sonne sitzen kann, den Blick auf die tiefblauen und violetten Blüten der Iris gerichtet.

Eine erste Idee vom Land des Glücks keimte bei dieser Vorstellung in ihr auf. Aber wohin wird es dann weitergehen? Welche Orte der Zufriedenheit und des Wohlbefindens gibt es und welche kommen für sie überhaupt in Frage? Zaghaft entschied sie sich dafür, sich erst einmal auf die Bank vor dem Haus zu setzen, sich umzuschauen und etwas auszuruhen. Erst einmal eine kleine Rast einzulegen, das war eine gute Idee. Ich ermunterte sie, sich ein Weilchen hinzusetzen und sich während des Ausruhens Situationen vor Augen zu führen, die in letzter Zeit angenehm und positiv für sie verlaufen waren. Nun blickte sie mich wieder ganz ratlos an. Welche Situationen? Ihr fielen keine positiven Situationen ein. Ich kam ihr zu Hilfe und erinnerte sie an einen kleinen beruflichen Erfolg. Nachdem ich ihr dies noch einmal ausgemalt hatte, genauso wie sie es mir erst vor kurzem selbst stolz geschildert hatte, bat ich sie, sich noch einmal in diese Erfolgssituation hineinzuversetzen und sich von all dem anmuten zu lassen, was ihr gut gelungen sei. »Anmuten«, sagte sie ganz überrascht; dann war sie für eine Weile still und saß ganz in sich versunken da. Plötzlich hellte sich ihr Gesicht auf. »Mut? Ja, diesen Mut mitnehmen, den ich in dieser Situation spüren konnte. Das klingt gut! Anmuten, ja, das geht!« Sie schien zur Überzeugung gelangt zu sein, dass sie auf diese Weise tatsächlich Mut fassen könnte, das Land ihrer Verzweiflung hinter sich zu lassen und sich dem Land des Glücks zuzuwenden. Dieses ganz wörtlich genommene »Sich-anmuten-Lassen« wird vielleicht auch weiterhin eine gute Hilfe für sie sein.

Bei der Reise in das Land des Glücks, auf die ich Sie nun mitnehmen möchte, wäre ein Navigationssystem, das die Richtung angibt, nicht schlecht. Mit seiner Hilfe könnte man auf Reisen gehen, ohne eine Landkarte benutzen zu müssen. Einfach nur das Ziel festlegen, die kürzeste oder die schnellste Strecke wählen, vielleicht auch den schönsten Weg entlang der interessantesten Sehenswürdigkeiten, und schon könnte es losgehen. Automatisch wird die richtige Richtung angezeigt und jede Abzweigung rechtzeitig angekündigt. Ist man unachtsam und kommt vom richtigen Weg ab, dann wird man immer wieder gleichbleibend freundlich zu Kurskorrekturen aufgefordert. Und ist das Ziel erreicht, dann muss man es nicht einmal kennen oder erkennen, man bekommt es klar und vernehmlich mitgeteilt: Das Ziel ist erreicht!

Bei der Reise ins Land des Glücks, um die es nun gehen wird, müssen wir uns jedoch selbst navigieren. Die erste Frage an uns selbst lautet: *Wo* soll es hingehen, was genau ist mein Glücksziel? Und dann die zweite Frage: *Wie* komme ich dorthin? Kein Satellit wird automatisch den aktuellen Standort ausfindig machen und dann auf dem besten Weg durch das Land des Glücks zum Ort der Zufriedenheit navigieren.

Bei dieser Reise übernimmt unsere eigene Selbstkontrolle diese Aufgabe. Und damit wir rechtzeitig erkennen, dass unser persönliches Glücksziel erreicht ist, überlegen wir am besten vorher schon einmal, woran wir es erkennen werden. An Gefühlen? Welche werden es sein? Heiterkeit, Freude, Gelassenheit oder was sonst? Vielleicht kann man es auch an körperlichen Empfindungen erkennen: an nachlassender Anspannung, an zunehmender Entspannung, an größerer Vitalität und Lebensfreude oder Ähnlichem. Wenn man festlegt, was man am Ziel erwartet, hat man eine bessere Orientierung. Es lohnt also, über den Zielzustand genauer nachzudenken. Nach diesen Vorüberlegungen wollen wir nun die folgende Übung beginnen.

Übung: Eine erste Begegnung mit dem Glück
Wo ist mein Land des Glücks, meines persönlichen, ganz von mir selbst zu bestimmenden Glücks? Sie werden überrascht sein, wie

viel Sie über sich selbst erfahren, wenn Sie sich auf eine solche Übung einlassen und sich für neue Erkenntnisse öffnen.

Nehmen Sie ein Blatt Papier zur Hand, im Querformat, und malen Sie darauf zunächst zwei Quadrate, die das Blatt jeweils zur Hälfte ausfüllen. Zwischen diesen beiden Quadraten lassen Sie einen kleinen Abstand. Das Quadrat auf der linken Seite ist das Land des Unglücks, das auf der rechten Seite ist das Land des Glücks. Die Orte im Land des Unglücks kennen die meisten Menschen recht gut. Da gibt es zum Beispiel den Ort der Angst, den Ort der Verzweiflung, den Ort der depressiven Verstimmungen, den Ort der Enttäuschung, den Ort der Schmerzen, den Ort der Trauer. Und es gibt das Meer der Tränen, das Ödland der Langeweile, die Berge des Stresses, den Fluss der Trübsal und den dichten Wald der Sorgen.

Wenn Sie wollen, können Sie einige Orte Ihres persönlichen Unglücks nach Ihren eigenen Vorstellungen symbolisch benennen. Wählen Sie dazu Begriffe, die Ihr unangenehmes Erleben oder Ihr unerwünschtes Handeln treffend umschreiben und bei denen Sie selbst gleich wissen, was der Kern Ihres Unglücks ist. Und Sie können sich diese Begriffe dann in dem linken Kasten notieren.

Gehen Sie nun in Ihrer Vorstellung zu einem der Orte Ihres persönlichen Unglücks und achten Sie auf Ihre Empfindungen. Sobald Sie Unangenehmes wahrnehmen, registrieren Sie es kurz, und treffen Sie dann den festen Entschluss, dass Sie diesen Zustand ändern werden. Sie können dazu – erst einmal probehalber – ins Land des Glücks reisen und sich, Etappe für Etappe, Ihrem Ziel in diesem Land nähern.

Peilen Sie den Ort Ihrer Zufriedenheit möglichst genau an. Wo befindet sich dieser Ort Ihrer Träume, an dem alles Unglück von Ihnen abfällt, in der weiten Landschaft des Glücks? Ist er ganz weit weg oder womöglich ganz nah? Vielleicht ist es eine paradiesische Insel, vielleicht ist es auch die Bank am nahen Waldrand mit schöner Aussicht weit ins Land. Stellen Sie sich Ihr Wunschziel vor und machen Sie dann einen deutlich sichtbaren Punkt im rechten Quadrat, der den angenehmen Ort markiert, zu dem Sie hinwollen. Und vielleicht geben Sie ihm auch einen passenden Namen auf Ihrer persönlichen Landkarte.

Sie entschließen sich nun, das Land des Unglücks hinter sich zu lassen. Wie können Sie die Kluft zum Land des Glücks am besten überwinden? Vielleicht stellen Sie sich den Spalt, den Sie zwischen dem Land des Unglücks und des Glücks gelassen haben, als einen Fluss vor. Dann könnten Sie ein Boot besteigen und sich ins Land des Glücks fahren lassen, von einer Person, die eine Ahnung hat, wie man da hinkommt. Vielleicht wollen Sie aber auch ganz rasch zur anderen Seite und nehmen lieber ein Flugzeug. Das geht nicht? Nun, wenn Sie nicht fliegen wollen, können Sie auch auf anderen Wegen ins Land des Glücks gelangen; es ist egal, wie lange es dauert. Sie können einfach über eine der Brücken gehen oder mit Ihren Schuhen in der Hand durch das flache Wasser waten. Oder Sie nehmen das Auto und können über die breite Autobahn schnell auf die rechte Seite gelangen.

Und wie könnte es am Ort der Zufriedenheit sein? Lassen Sie sich von Ihrer Fantasie inspirieren. Was werden Sie dort vorfinden? Eine wundervolle Aussicht? Ein Haus der Nähe und Geborgenheit? Einen ungestörten Platz am stillen See der Muße und Entspannung? Das Meer der Möglichkeiten? Oder den Ort der Kontakte und des geselligen Treibens? Lassen Sie Ihrer Fantasie Raum und malen Sie sich Ihr Ziel aus, das Sie vorfinden möchten, so klar und deutlich, wie Sie es möchten.

Möglicherweise ist der Ort der Zufriedenheit nur über schwer überwindbare Grenzen zu erreichen. Wenn Ihnen solche Grenzen in den Sinn kommen, können Sie diese auf Ihrem Blatt Papier markieren. Und dann können Sie ganz in Ruhe überlegen, auf welchen Umwegen Sie Ihr Ziel dennoch erreichen könnten. An welchen Rastplätzen könnten Sie neue Energien tanken? Welche Menschen könnten Sie begleiten und auf dem geplanten Weg unterstützen? Welche Ihrer persönlichen Fähigkeiten werden Ihnen dabei helfen, Ihrem Glücksziel näher zu kommen? Notieren Sie sich alle geeigneten Hilfen, die Ihnen einfallen, ganz gleich, um was es sich handelt. Jede Hilfe ist wichtig und wertvoll.

Vielleicht gibt es mehrere Traumorte des Glücks und es gilt herauszufinden, wohin Ihre Reise als Nächstes gehen soll. Oder Sie sind noch ein wenig unschlüssig und haben noch keine rechten Vorstellungen von Ihrem Glück? Dann kann nach und nach beim Weiterlesen ein immer genaueres Bild davon entstehen.

Schließlich können auch Sie sich *anmuten* lassen von all jenen Momenten des Glücks, die Sie bereits erlebt haben. Das wird Ihnen dabei helfen, Ihr nächstes Glück auf gut begehbaren und persönlich passenden Wegen zu finden.

Glück ist etwas höchst Individuelles, das sollten wir uns noch einmal klar machen. Wie unterschiedlich die Glücksvorstellungen von Menschen sein können, zeigen die folgenden Beispiele.

Fünf Personen – fünf Ansichten über Glück

Die folgenden Beispiele können die Wahrnehmung für die unterschiedlichen Formen des Glücks schärfen. Sie entstammen psychotherapeutischen Behandlungen, und es ist interessant zu sehen, was diese Patienten mit all ihren psychischen Problemen in ihrem Leben als Glück erleben. Gerade auf solche persönlichen Glückserfahrungen kann man bauen. Sie können zeigen, dass man das Leben wieder in den Griff bekommen kann.

Ein 33-jähriger Werbetexter, gerade frisch verliebt, beschreibt sein Glück als ein berauschend schönes Liebesgefühl. »Ein Gefühl, das meine Lebensfreude regelrecht ankurbelt, das mich bis in jede Faser meines Körpers belebt und aus meinem normalen Alltag heraushebt. Es hat natürlich viel mit Sex zu tun und ist einfach ein ganz umwerfender Zustand. Ich hätte diesen Gefühlszustand eigentlich gern dauerhaft, aber ich weiß natürlich, dass das nicht geht.«

Eine 20-jährige Verkäuferin erinnert sich zunächst auch an ein Glücksgefühl der Liebe und das Zusammensein mit ihrem ersten Freund. »Dieses ganz besondere Kribbeln im Bauch, das starke Herzklopfen, das hatte ich bei ihm ganz oft. Ich schwebte über den Wolken und war grenzenlos glücklich.« Im Moment baut sie allerdings auf andere Glücksgefühle. »In meiner Freizeit gehe ich gern tanzen. Dabei bin ich völlig unbeschwert und beschwingt. Irgendwie glücklich, aber in anderer Weise als in der Liebe. Auch beim Radfahren fühle ich mich sehr gut. Ich liebe den gleichmäßigen Rhythmus, mit dem ich in die Pedale trete, den Wind im Gesicht und die Geschwindigkeit – ein tolles Gefühl, auch so etwas wie Glück. Und wenn ich müde und abgearbeitet bin und mir ein schönes warmes Bad mit

Badeöl gönne, das gut duftet, kann ich das in vollen Zügen genießen und mich entspannt und wohl fühlen. Auch eine Art von Glück!«

Für eine 59-jährige pensionierte Lehrerin mit zwei erwachsenen Kindern und zwei Enkelkindern ist nach einer Krebserkrankung ein unbeschwertes körperliches Erleben nicht mehr selbstverständlich und kaum noch möglich, wie sie wehmütig berichtet. Aber sie erlebt sich nicht als unglücklich. Sie berichtet, dass sie ihr Leben lang gern und engagiert gearbeitet hat und dass sie auf ihre hohe Leistungsbereitschaft, ihr Pflichtbewusstsein und ihre Beharrlichkeit immer sehr stolz war. »Glücklich bin ich darüber, dass ich in meinem Beruf so viel erreicht habe und meine Stärken zum Einsatz bringen konnte. Glücklich bin ich auch darüber, dass ich gesunde Kinder großgezogen habe und mich mit meinem Mann immer noch so gut verstehe. Gerade jetzt gibt mir meine Familie viel Rückhalt und wohltuende Geborgenheit. Das erlebe ich im Moment als mein größtes Glück. Und ich genieße es, für meine Enkelkinder da sein zu können. Da werde ich gebraucht! Das tut mir richtig gut und gibt meinem Leben neuen Sinn. Das empfinde ich jetzt als mein Glück.« Und schließlich schildert sie noch eine ganz andere Form des Glücks: »Manchmal, wenn ich aus dem Fenster schaue und mein Blick über die weite Landschaft vor unserem Haus hinweggeht, nehme ich alle Konturen und die Farben der Landschaft besonders intensiv wahr. Ich spüre zugleich eine ganz tiefe und wohltuende Form von Freiheit oder Freisein. Ich fühle mich sehr lebendig, kann unbeschwert durchatmen und fühle mich mit der Natur da draußen innig verbunden, so als gehörte ich ganz selbstverständlich dazu. Das ist ein Zustand, den ich auch als etwas sehr Beglückendes empfinde.«

Ein 47-jähriger Programmierer, der unverheiratet ist und derzeit auch keine feste Lebenspartnerin hat, findet sein Glück in der Arbeit. »Wenn ich ganz in einer Aufgabe aufgehe, mit voller Konzentration dabei bin, sodass ich darüber alles andere vergesse, wenn ich mich voll engagiere und schwierige Herausforderungen bewältige, dann fühle ich mich richtig gut. Ich habe es geschafft! Dann bin ich richtig glücklich und natürlich auch sehr zufrieden. Dass ich durch meine Arbeit viel bewirken kann, ist für mich wichtig. Aber vielleicht ist Arbeit doch nicht alles. Ich möchte gern herauszufinden, ob und wie ich Glück auch in anderer Weise erleben kann.«

Eine 30-jährige Frau lebt seit zwei Jahren mit ihrem Freund zusammen. Im Moment ist sie arbeitslos.»Ich habe in meinem Leben schon viel Schlimmes erlebt, da glaubt man nicht mehr so leicht an Glück. Ich habe zu oft erlebt, dass das Schicksal zuschlägt. Da kann man nichts machen. Glück kann man nicht erzwingen. Zeitweise habe ich mir Glück durch Drogen verschafft. Aber das war immer nur ein kurzes Vergnügen. Ich brauchte immer mehr, um high zu sein und wenigstens für kurze Zeit unbekümmert zu leben. Danach bin ich dann jedes Mal noch schlimmer abgestürzt. Ich glaube, mein momentanes Glück besteht vor allem darin, dass ich diese furchtbare Zeit hinter mich gebracht habe und mich entschieden habe, keine Drogen mehr zu nehmen. Die Erkenntnis, dass ich mein Leben auch anders in den Griff bekommen kann, ist im Moment mein großes Glück.«

Von welchen Formen des Glücks ist bei diesen fünf Menschen die Rede? Es geht um das Glück der Liebe. Es geht um Glücksempfindungen, die mit Genuss und körperlichem Wohlbefinden verbunden sind. Es geht um das Glück der Lebenszufriedenheit und des Lebenssinns und auch um das Glück der Transzendenz, also um einen Zustand, in dem Menschen sich in inniger Verbundenheit mit der Welt und dem größeren Ganzen erleben. Es geht darüber hinaus um das Glück durch erfolgreiche Anstrengung. Und es geht um das Glück der Mobilisierung eigener Stärken. Glück, das sieht man in diesen Schilderungen ganz deutlich, kann auch für denselben Menschen in unterschiedlichen Lebenssituationen ganz Verschiedenes bedeuten und besitzt immer ganz persönliche, einzigartige Nuancen.

Entspricht das, was die fünf Personen beschrieben haben, dem, was die Wissenschaft der Psychologie unter Glück versteht? Ja, durchaus. Es gibt nicht das eine, »wahre« Glück. Vielmehr ist Glück komplex und vielschichtig. Glückserleben hängt von der Art der Wahrnehmung und des Erlebens jedes einzelnen Menschen ab. Von Bedeutung sind dabei aber auch materielle, gesellschaftliche und kulturelle Bedingungen. Für unser Glückserleben ist zudem sehr wesentlich, dass wir in einer Gesellschaft leben, die individuelle Freiheiten gewährt und vielfältige kulturelle Lebensmöglichkeiten zulässt. Wir haben viel Gestaltungsraum, den wir nutzen können. Bleibt zu fragen, ob wir dies auch immer tun und wie wir lernen können, es zu tun.

Glück ist lebensnotwendiger Lernstoff

Glücklichsein ist erlernbar. Doch es handelt sich dabei um einen lebenslangen Lernprozess. Und dieses Lernen ist der entscheidende Aspekt, durch den sich unser Glück beeinflussen lässt. Schon früh im Leben beginnt man damit. Da sind zunächst unsere Eltern, Großeltern und Geschwister. Alle Menschen, die uns nahe stehen, können es uns von Geburt an vermitteln, wie man glücklich sein und sich wohlfühlen kann: indem sie sich mit uns freuen, feinfühlig, liebevoll, fürsorglich und wohlwollend mit uns umgehen und mit und über uns glücklich sind. Diese Menschen unserer Umgebung leben uns zudem ihre Werte und Einstellungen vor, was viel wichtiger und beeindruckender ist als jede Theorie. Später im Leben übernehmen oft auch Freunde und Partner diese Aufgabe.

Warum sind gerade Menschen, die uns nahe stehen, so wichtig für unser Glück? Ihre Feinfühligkeit, ihre menschliche Wärme und Nähe, ihre Fürsorge und die Sicherheit und Geborgenheit, die sie uns vermitteln, schafft eine verlässliche sichere Bindung, die Ängste reduziert und Stress dämpft. Dabei spielt auch ein körpereigenes Hormon, das Oxytocin, eine entscheidende Rolle. Durch die liebevolle und fürsorgliche mütterliche Zuwendung oder auch durch die anziehende Zuwendung anderer Menschen, die Nähe, Verbundenheit und Zärtlichkeit vermitteln, wird die Produktion von Oxytocin stimuliert. Das trägt dazu bei, dass wir beziehungsfähig werden, denn im Gehirn werden die Gefühle von Freude, Stolz, Glück und Wohlbefinden, die mit positiven mitmenschlichen Erfahrungen verbunden sind, automatisch gespeichert. Gleichzeitig wirkt sich jede positive Bindungserfahrung auch wieder oxytocinsteigernd aus.

Diese gespeicherten guten Bindungserfahrungen sind uns künftig gute Wegweiser. Sie lassen unser Vertrauen in uns selbst und in andere Menschen wachsen und führen dazu, dass sich eine gute Kooperationsbereitschaft entwickelt. Menschen, mit denen man gute Bindungserfahrungen machen konnte, hat man gern in seiner Nähe. Man fühlt sich zu ihnen hingezogen, schätzt ihre Gegenwart und kann sogar ausgesprochene Sehnsucht nach ihnen haben. Das stimuliert glückbringende Erfahrungen, aber auch durch die angstdämpfende und stressreduzierende Wirkung des Oxytocins werden soziale Beziehungen zunehmend tragfähiger und besser. Die Hirnforschung hat deutliche Hinweise darauf erbracht, dass es vor allem die oxytocinstimulierten Glückserfahrungen der ersten drei Lebensjahre sind, die grundlegenden Einfluss auf das weitere Leben haben. Durch eine sichere Bindung in den ersten Lebensjahren werden gute Fähigkeiten zur Regulation der eigenen Gefühle und zur Bewältigung von Stress vermittelt, was maßgeblich dazu beiträgt, dass Körper, Geist und Seele gut gedeihen können.

Später sind es die verschiedenen Bildungseinrichtungen wie Kindergärten, Schulen, Universitäten, Lehrstellen oder auch kirchliche Einrichtungen und andere Stätten, an denen ein lebendiger kultureller Erlebensraum geboten wird. Hier erhalten Kinder und Jugendliche zusätzliche Anregungen, ihre Lebensmöglichkeiten zu entfalten und ihr persönliches Glück sinnvoll zu gestalten.

Gelegentlich wird bezweifelt, dass unsere Gesellschaft ihre notwendigen Bildungsaufgaben für ein glückliches Leben ausreichend gut wahrnimmt. Beispielsweise werden wir zu wenig zu tragenden Bindungen hingeführt, nicht genügend für den Umgang mit alten Menschen geschult und könnten besser darauf vorbereitet werden, auch Schicksalsschläge und Leid zu bewältigen. Unsere Bildungseinrichtungen sollten sich intensiver damit beschäftigen, wie Menschen einen mit Sinn erfüllten Alltag leben können.

In spezifischer Weise kommt diesem Anliegen eine Schule in Heidelberg seit kurzem nach. Wie *Spiegel Online* berichtete, wurde dort »Glück« als Schulfach eingeführt.[2] Dem Direktor geht es um Bildung im besten Sinn, denn den jungen Menschen soll der Weg zu Glück und Wohlbefinden geebnet werden. Die Heidelberger beschränken sich in ihrem Schulfach jedoch nicht allein auf die Vermittlung menschlicher Tugenden. Sie befassen sich auch damit, wie sich gesunde Ernährung auf die Verbesserung der Stimmung auswirkt und Sport dazu führt, sich im eigenen Körper wohl zu fühlen. Hierin unterscheiden sie sich von der bekanntesten britischen Privatschule, der Wellington-Schule in der Nähe von London, in der das Unterrichtsfach »Glück« zuvor schon gelehrt wurde. Den Heidelbergern geht es um all jene Lebenskompetenzen, die ein glückliches, engagiertes und sinnvoll erscheinendes Leben besser gewährleisten. Sie wollen jungen Menschen Anregungen geben, durch die ihre eigenen Kräfte wachsen können. Und dies wird gelingen. Denn glücklich zu sein und ein engagiertes, erfülltes Leben zu führen lässt sich tatsächlich gut lernen, das haben psychologische Studien überzeugend belegt.

Schauen wir uns im Einzelnen an, was die Wissenschaft über Glück herausgefunden hat und in welchem konzeptuellen Rahmen das Phänomen Glück wissenschaftlich eingeordnet wird.

Was ist Glück?

Vergnügen oder Engagement und Erfüllung?

Das Fernsehen berichtet in den Nachrichten über den bayerischen Wahlkampf. Gezeigt wird Minister Horst Seehofer, wie er in ein Festzelt eilt. Er wirkt etwas angestrengt und blickt ernst drein. Oder konzentriert? Vielleicht konzentriert, denn er muss gleich eine Rede halten. Wirkungsvolle öffentliche Präsenz wird von ihm erwartet. Drinnen im Festzelt haben die Menschen einen Bierkrug vor sich auf dem Tisch stehen und plaudern fröhlich miteinander. Bevor der Minister das Zelt betreten kann, spricht ihn ein Reporter an. Die abschließende Frage in seinem Interview mit Seehofer wird dann sehr persönlich. Der Reporter fragt nämlich, ob Seehofer eigentlich glücklich sei, wenn er so von Festzelt zu Festzelt eilen müsse oder ob es ihn nicht doch etwas anstrenge. Seehofer stutzt für einen ganz kurzen Moment. Dann breitet sich in seinem Gesicht ein Lächeln aus und er stellt schlagfertig die Gegenfrage, ob es denn ein Glück *ohne* Anstrengung gäbe. Dabei verweist er auf den Münchner Philosophen Robert Spaemann.

Die Philosophie befasst sich schon seit der Antike mit Glück. Robert Spaemann, auf den Horst Seehofer verweist, hat sich mit der Ethik in der Antike und Neuzeit befasst. Sein anregendes Buch *Glück und Wohlwollen* ist keine leichte Lektüre, sondern eher schwere philosophische Kost. Spaemann legt eine ethische Lehre vom Gelingen des Lebens dar, bei der es um die Freiheit und die Verantwortung des Einzelnen geht. Dem eigenen Handeln wird damit ein besonderer Wert gegenüber jeglicher Fremdbestimmung beigemessen. Einer der Hauptgedanken seines Buches ist, dass Wohlwollen gegenüber sich selbst und gegenüber anderen die Basis eines gelingenden Lebens darstellt und allen Sollens-Forderungen vorausgeht.

Dass aus philosophischer Sicht daneben auch andere Lebensformen Glück verheißen können, lässt sich bei der Philosophin Annemarie Pieper nachlesen. Ihr Buch *Glückssache* ist ein unterhaltsamer Streifzug durch die Philosophie- und Kulturgeschichte, in dem sie philosophisches Wissen lebensnah vermittelt. Sechs unterschiedliche Glücksformen werden hier beschrieben: Das *sinnliche* Glück, das *berechenbare* Glück, das *strategisch hergestellte* Glück, das *tugendhafte* Glück, das *ethische,* leidenschaftslose Glück und das *kontemplative* Glück. Diese sechs Lebensformen gehen zum Teil ineinander über und stärken oder schwächen sich gegenseitig. Gerade ihre spezielle Mischung kann als das besondere Kennzeichen eines individuell gelebten Lebens betrachtet werden.

Wir wollen die philosophischen Ansätze hier nicht weiter vertiefen und auch nicht darauf eingehen, wie sich die Theologie, die Soziologie und die Wirtschaftswissenschaften mit Glück befasst haben. Vielmehr werden wir die Psychologie als wissenschaftlichen Hintergrund für das Verständnis von Glück heranziehen.

In der psychologischen Forschung wurden zwei Auffassungen von Glück aufgegriffen, die der Philosophie entstammen. Zum einen handelt es sich um das *hedonische* Glück, ein Begriff, der auf die Philosophen Epikur und Aristipp zurückgeht. Er verspricht vor allem vergnügliches Sinnesglück. Zum andern handelt es sich um das dazu kontrastierende *eudaimonische* Glück. Damit wird eine sittliche Lebensform umschrieben, die auf Aristoteles und Platon zurückgeht. Direkt übersetzt heißt *eu* = gut und *daimon* = Geist oder guter Geist. Beim eudaimonischen Glück geht es vor allem darum, sich selbst und den eigenen Tugenden und Stärken treu zu sein und diese Tugenden und Stärken im eigenen Leben sinnvoll und in Übereinstimmung mit sich selbst einzusetzen.

Die Psychologie hat durch eine Vielzahl von empirischen Studien zum Verständnis von Glück beigetragen. Empirisch bedeutet, dass die konkreten Erfahrungen der Menschen direkt ermittelt werden. Will man etwas über das Glück der Menschen erfahren, werden zum Beispiel Interviews dazu durchgeführt oder ausgewählte Personen beantworten standardisierte Fragebögen und nehmen an Tests oder Experimenten teil. Auch direkte Beobachtungen des menschlichen Verhaltens können durchgeführt werden. Untersucht wird auf diese Weise, *was* Menschen als ihr persönliches Glück erleben, *wie* sie es erleben und *wann* sie sich glücklich fühlen. Untersucht werden kann dabei auch, wie zum Beispiel Alter, Geschlecht oder Schulbildung das Erleben von Glück beeinflussen und welche Persönlichkeitseigenschaften Glück in besonderer Weise begünstigen oder beeinträchtigen. Schließlich wird auch ermittelt, ob und wie sich das persönliche Glück steigern lässt.

Einig sind sich alle wissenschaftlichen Fachrichtungen darüber, dass es *das* Glück nicht gibt, sondern dass ganz verschiedene Formen des

Glücks in Betracht zu ziehen sind. Auch innerhalb dieser unterschiedlichen Glücksformen gibt es noch viele Nuancen, die das ganz persönliche Glück ausmachen können. Wir werden im Folgenden zwischen dem vergnüglichen Glück (hedonisches Glück) und zwei Formen des erfüllenden Glücks (eudaimonisches Glück) unterscheiden. Neben dem großen Glück werden wir uns auch mit den kleinen Vergnügungen und Alltagsfreuden näher befassen. Wir werden sehen, dass Glück sowohl das persönliche Wohlbefinden als auch die Themen Engagement und Sinn umfasst. Wichtig für unser Glück sind alle drei Aspekte. Auf die geeignete Kombination kommt es an.

Glück als ganz besondere Lebenserfahrung

Spricht man von Glück, dann hat man meist das »große« Glück vor Augen. Was ist aus der Sicht der Psychologie zu dieser Art von Glück zu sagen? Es geht um eine ganz besondere, immer höchst angenehme Gefühlserfahrung, die mit tiefer innerer Berührtheit verbunden ist. Den Kern bildet intensive Freude, die in überschwänglicher Begeisterung zum Ausdruck kommen kann oder auch als eher stilles Glück empfunden wird. Das ganz große Glück tritt in der Regel nicht allzu häufig auf. Manchmal bezeichnen Menschen überhaupt nur einen Aspekt oder einen Punkt ihres Lebens als ihr ganz großes Glück.

Das aktuelle Glückserleben besteht manchmal nur für kurze Augenblicke des Jubels, manchmal hält die Begeisterung und innere Berührtheit auch etwas länger an. Dauerhaft wird dieses Glücksempfinden allerdings nie sein. Aber es kann ein stabiles positives Lebensgefühl werden, das so prägend ist, dass darin zugleich auch große Lebenszufriedenheit zum Ausdruck kommt.

Menschen sind im Moment des Glücks mit sich selbst vollkommen eins und es scheint, als habe das Leben mit einem Mal eine überraschende Wende erfahren. Plötzlich stimmt alles. Oder all das, was wir uns gewünscht und erhofft haben, ist in Erfüllung gegangen.

Es gibt auch die etwas kleinere Ausgabe des Glücks. Beim »kleinen« Glück geht es um die Freuden des Alltags, die uns täglich begegnen können. Beispiele dazu gibt es reichlich: ein gutes Essen zusammen mit lieben Freunden, eine zärtliche Umarmung, eine sexuelle Begegnung, der betörende Duft von Rosen, der abendliche Gesang einer Amsel, eine angenehme Schultermassage, leckere Schokolade, das frisch bezogene Bett. Oder auch ganz andere Dinge wie zum Beispiel der Sound des geliebten Motorrades, das erhebende Gefühl, in einem besonderen Auto zu fahren, oder der Rhythmus des Tangotanzes. Im Zustand des Beglücktseins erleben die Menschen sich und ihre Umwelt viel harmonischer. Gleichklang und Stimmigkeit prägen das eigene Erleben.

Was kann bereits ein solches kurzes Glück bewirken? Glückliche Menschen erleben sich als einflussreicher und fähiger. Sie sind zuversichtlicher und haben das Gefühl, ihr Leben besser im Griff zu haben. Die Mühen des Alltags scheinen wie weggeblasen. Ein neuer Blick auf die eigene Lebenswirklichkeit eröffnet sich. Der Alltag erscheint in sonniges Licht getaucht, alles passt nun besser zusammen. Beglückend-erregend oder auch stillvergnügt erhält das eigene Erleben eine Fülle besonderer Art. Glückliche Menschen fühlen sich lebendig wie nie zuvor und sind von ihrem Erleben zutiefst erfüllt.

Kann man sehen, ob Menschen glücklich sind? Glück, wie es zuvor beschrieben wurde, bleibt anderen Menschen natürlich nicht verborgen. Man kann es einfach nicht übersehen, oft auch nicht überhören. Glückliche Menschen lächeln oder lachen, ihre Augen leuchten. Manche drücken ihr Glück in Freudensprüngen aus, und das sind durchaus nicht nur die kleinen Kinder. Jeder kennt es: Regelmäßig reißt das Fußballglück die Zuschauer beim erhofften Tor von den Sitzen. Unser Glück, und nicht nur das beim Fußball, möchten wir manchmal in lauten Begeisterungs- und Jubelrufen der ganzen Welt mitteilen: »Wunderbar!«, »Wie schön!«, »Fantastisch!«, »Ich bin ja so glücklich!«

Manche Menschen strahlen ihr Glück in eher stiller Weise als eine Art inneres Leuchten aus. Trotzdem ist es auch in dieser Form für andere gut sichtbar. In der psychologischen Forschung wird das wirklich glückliche, nicht gestellte Lächeln nach seinem französischen Entdecker als »Duchenne-Lächeln« bezeichnet: Die Mundwinkel zeigen nach oben, wie wir das von Smileys kennen, die Muskeln um die Augen herum sind unwillkürlich kontrahiert, wodurch sich die Wangen ein wenig heben und in den äußeren Augenwinkeln kleine Lachfältchen entstehen. Diese Art des Lächelns ist untrüglich ein *echtes* Lächeln.

Bisher wurden nur die auf die Gegenwart bezogenen Freuden und Glückszustände angesprochen. Soweit es um zukunftgerichtete positive

Gefühle mit Glückspotenzial geht, sind auch Optimismus, Zuversicht, Vertrauen und der religiöse Glaube zu erwähnen. Geht es um einen Rückblick in die Vergangenheit, dann erinnert man sich an Behagen, Befriedigung, Stolz, Genugtuung und Erfüllung von Wünschen.

Glücklichsein und Glück als Zustand

Die psychologischen Studien haben gezeigt, dass es zwei grundsätzlich unterschiedliche Auffassungen von Glück gibt: das Glück im Sinne des Glücklichseins und den momentanen Glückszustand. Worin besteht der wesentliche Unterschied? *Glücklichsein* ist eine Form menschlichen Erlebens, die den Alltag durch eine zumeist heitere Grundgestimmtheit gewohnheitsmäßig prägt. Hinzu kommt eine positive Einstellung zum Leben, die Zufriedensein begünstigt. Glücklichsein kann in diesem Sinne auch als ein im Laufe des Lebens entwickeltes Lebensglück verstanden werden, in dem sich in stabiler Weise eine große *Zufriedenheit* mit dem eigenen Leben abbildet. Wobei allerdings für die Lebenszufriedenheit neben dem Glücklichsein auch noch zwei weitere Aspekte eine Rolle spielen, nämlich die Selbstverwirklichung und die Selbstachtung.

Ein *Glückszustand* ist ein momentanes, sehr angenehmes Gefühl von zumeist großer Erlebensintensität. Verbunden damit ist körperliche Erregung, die physiologisch messbar ist. Zu diesen affektiven und körperlichen Glückskennzeichen kommt noch eine bewertende, wie die Psychologen sagen, kognitive Komponente hinzu, nämlich die momentane Zufriedenheit. Glück ist schon allein im Ausmaß der damit verbundenen Erregung mehr als eine einfache Freude oder bloße Heiterkeit. Glück ist aber nicht pures Lustgefühl oder reine körperliche Erregung. Glück ist vielmehr ein ganz besonderes Hochgefühl, das Besonderheiten aufweist, die sich phänomenologisch gut als ein Sonderzustand des Erlebens beschreiben lassen. Dieser gefühlsmäßige Sonderzustand ist phänomenologisch als »glücklicher Augenblick« genauer untersucht und beschrieben worden.

Wie beschreiben Menschen einen glücklichen Augenblick? Was ist das Besondere eines solchen Moments? *Der Tag, als ich mein Herz schlagen hörte*, hieß eine Fernsehsendung, in der von dem Olympiasieger Hartwig Gauder berichtet wurde. Nach Jahren absoluter Weltklasse im Gehen musste dieser Mann plötzlich einen Kampf kämpfen, der mit Sport nichts

mehr zu tun hatte. Aufgrund seiner drastisch gesunkenen Herzleistungs-
fähigkeit wird ihm schließlich zu seiner Rettung ein Kunstherz implan-
tiert. Als Sportler hatte er immer auf seinen Puls geachtet. Den spürte er
mit seinem Kunstherz nun aber nicht mehr. Ein irritierendes Gefühl, das
zu den sonstigen Beeinträchtigungen und Ängsten erschwerend hinzu-
kam. In der nächsten Zeit kämpfte er beharrlich darum, wieder gesund
zu werden, ohne eine weitere Transplantation auf sich nehmen zu müssen. Erst in letzter Sekunde willigte er dann doch in eine erneute Transplantation ein, bei der er ein Spenderherz erhielt. Seine Herztransplanta-
tion verlief erfolgreich. Als er aus der Narkose erwachte, spürte er sofort
seinen Herzschlag wieder und sagte überglücklich: »Das passt!« In dieser kurzen Äußerung wird der Kern eines glücklichen Augenblicks angesprochen. Es passt plötzlich alles wieder gut zueinander, so wie es sein
soll.

Ein glücklicher Augenblick

Dem Psychoanalytiker Dirk Blothner verdanken wir eine umfassende
Beschreibung des Phänomens des glücklichen Augenblicks. Dabei geht es
in aller Regel nicht um solche spektakulären Glücksmomente wie die von
Hartwig Gauder. Vielmehr waren es beglückende Momente des normalen Lebens, die er bei tiefenpsychologischen Interviews von 170 Personen
genauer beleuchtete. Die Ergebnisse zeigen, dass der glückliche Augenblick durch einen außergewöhnlichen Wandel der Stimmung ins Positive
gekennzeichnet ist. Ganz plötzlich tun sich ungeahnte Möglichkeiten auf;
jegliche einengenden Begrenzungen entfallen. Leider ist dieses Hochgefühl nicht dauerhaft; es endet unwillkürlich auch wieder und bringt die
Alltagsrealität zurück. Doch alle Befragten schildern, dass immer ein
Stückchen dieses Glückserlebens zurückbleibt, ein Fünkchen Hoffnung.
Auch kann der Moment des Beglücktseins dem Leben manchmal eine
ganz neue Wendung geben.

Kennzeichnend für den glücklichen Augenblick sind vier Aspekte: die
Harmonie, die Kraft, das Haltgebende und das Lebendigmachende.

Das Glück der Harmonie entsteht dadurch, dass plötzlich etwas, das
zuvor nicht ganz zueinander passte, zur »runden Sache« wird und stimmig und vertraut erscheint. Oder Spannungen verflüchtigen sich und
lösen sich in harmonische Stimmigkeit auf.

Das Kraftvolle eines Glücksmoments liegt darin, dass sich die betreffenden Menschen plötzlich als stärker, zuversichtlicher und unternehmungslustiger erleben. Sie haben das Gefühl, Grenzen sprengen zu können, und erleben großes Vertrauen in ihre eigenen Möglichkeiten.

Das Glück der Entlastung, des Gehaltenseins und der Geborgenheit im glücklichen Augenblick wird dadurch entfacht, dass Menschen plötzlich erleben, einen festen Platz in dieser Welt zu haben, sich zugehörig fühlen, sich der Ordnung dieser Welt anvertrauen können und sicher sind, dass alles seinen Weg gehen wird.

Das Glück der Lebendigkeit wird dadurch ausgelöst, dass die Wirklichkeit als reicher und reizvoller erlebt wird, körperlich spürbar ist und sinnliche Qualität erhält. Manchmal wird diese größere Aufnahmefähigkeit auch so erfahren, als werde die Welt zum ersten Mal *richtig* gesehen. Man nimmt die Welt mit erhöhter Achtsamkeit und größerer körperlicher Empfindungsbereitschaft wahr. Die eigene Wahrnehmung ist vertieft und verfeinert.

Wann kommt es zu solchen glücklichen Augenblicken? Worin liegt der Zündfunke für dieses Glück? Ist es nur einer oder sind es mehrere Funken, die entfacht werden? Glückliche Augenblicke treten unwillkürlich auf. Keine besonderen Bedingungen sind nötig, vielmehr zentriert sich ein solcher Augenblick um alltägliche Dinge und Begebenheiten. Sie könnten grundsätzlich aus jeder denkbaren Situation entstehen. Doch es sind immer Momente eines vielversprechenden Übergangs. Alles fügt sich. Lebensaspekte werden plötzlich zu einem »Ganzen«, erscheinen plötzlich gut strukturiert, überschaubar und handhabbar. Man hat in diesen glücklichen Augenblicken alles besser im Griff, die Wirklichkeit ist tragender und verfügbarer.

Glück – etwas anderes als Freude, Zufriedenheit und Belastungsfreiheit?

Um es noch einmal in Erinnerung zu rufen: Ein *Glückszustand* ist ein besonders intensives, harmonisches und kraftgebendes Wohlgefühl, aus dem ein anhaltend positives Lebensgefühl des Glücklichseins entstehen kann. Freude ist ein Bestandteil von Glück.

Freude ist aber vergleichsweise weniger intensiv und nachhaltig. Sie bleibt immer an konkrete Situationen gebunden. Stets geht es um Freude an oder über etwas. Man könnte auch sagen, es ereignet sich etwas, das zu Freude Anlass gibt. Dabei kann es um ganz Unterschiedliches gehen: Man trifft nette Freunde, das Essen schmeckt ausgezeichnet, die neue Kleidung wird gelobt, die Arbeit geht flott von der Hand, die Sonne scheint, der Hund folgt gehorsam und macht »Platz«, oder der Himmel ist wolkenlos blau. Diese und andere kleine Ereignisse des Tages können uns immer wieder für einen Augenblick aus unserem Alltag herausreißen und unsere Stimmung heben. Von dem renommierten amerikanischen Glücksforscher Ed Diener werden solche kleinen Alltagsfreuden deshalb auch als »*uplifts*« bezeichnet. Es sind die kleinen Tageshöhepunkte, die den Alltag verschönern und ihn sonnig beleuchten. Sie wiegen die Widrigkeiten des Alltags auf, bringen uns wieder in Balance und wirken so unserem Alltagsstress entgegen. Nur wenn es sich dabei um etwas höchst Überraschendes, außergewöhnlich Erfreuliches handelt, sprechen wir von »Glück«, denn es ist mehr als eine der üblichen Freuden.

Zufriedenheit kann eine Folge des Glücksempfindens sein. Dabei geht es dann allerdings nicht mehr um Gefühle, sondern um ein Abwägen und Vergleichen und darum, die positiven und negativen Erfahrungen des eigenen Lebens ins Verhältnis zueinander zu setzen. Geprüft wird, ob die persönlichen Ziele erreicht worden sind und sich die eigenen Wünsche erfüllt haben. Der jetzige Zustand wird dabei vielleicht mit früheren Zeiten verglichen und als besser empfunden: Man stellt dann fest, dass man jetzt glücklicher ist. Wir können uns aber auch mit Menschen des gleichen Alters vergleichen, mit ihren Fähigkeiten, Lebensumständen, mit ihrer Stimmung, und unser eigenes Glück daran festmachen. Mancher wägt auch ab, ob er das erhalten hat, was er meint, verdient zu haben; ist dies der Fall, ist man zufrieden. Mit anderen Worten: Wenn es um Zufriedenheit geht, werden immer Diskrepanzen ausgelotet und persönliche Bewertungen vorgenommen. Dagegen sind wir ohne großes Nachdenken zufrieden, wenn wir ganz unverhofft bekommen, was wir schon lange erhofft haben. Unser Leben nimmt mit dieser Erfüllung eine überraschende Wende ins Positive und wird sofort in überzeugender Weise gefühlsmäßig stimmig. Wir sind spontan höchst zufrieden.

Belastungsfreiheit ist eine unspezifische Form des seelischen und körperlichen Wohlfühlens. Auch wenn dieser Zustand von vielen Menschen als eine Form von Glück empfunden wird, drücken sie dies meist nicht so aus. Vielmehr sagen sie: »Ich kann nicht klagen«, und das heißt, dass sie sich ohne Belastungen unbeschwerter auf das Leben einlassen können. Belastungsfreiheit ist also eine gute Voraussetzung für Glück, aber keine notwendige Bedingung dafür. Auch Menschen, die nicht vollkommen belastungsfrei sind, können zweifellos glücklich sein oder sich den Weg zu ihrem Glück erarbeiten. Ein Beispiel aus unseren Untersuchungen zum körperlichen Wohlbefinden macht deutlich, wie sich der Tag trotz anfänglicher Belastungen zum Besseren wenden kann:

»Ich wachte sehr früh am Morgen auf, machte einige Atemübungen und etwas Gymnastik. Dabei kam ich an meine Verspannungen im Kopf-Nacken-Bereich heran. Ich konnte den Schmerz annehmen und mich dafür öffnen. Ja, da schmerzt es gehörig! Langsam wich das dumpfe Gefühl in meinem Kopf. Ich begann, mich besser zu fühlen. Ich atmete tief durch und fühlte mich plötzlich ganz klar. Nun freute ich mich auf den Tag, der vor mir lag. Nun könnte es vielleicht doch ein Glückstag für mich werden.«

Kein Glück ohne Körper

Was passiert körperlich, wenn Menschen glücklich sind und sich wohl fühlen? Glücksgefühle sind mit freudigem Herzklopfen, dem berühmten Kribbeln im Bauch, auch mit Zuständen ekstatischer Erregung und Lust oder aber wohliger Entspanntheit und angenehmen Hautempfindungen verbunden, je nachdem, welche Umstände den Anstoß zum Glück gegeben haben. Es sind nicht nur subjektive Wahrnehmungen, sondern physiologisch messbare Reaktionen. Die Durchblutung der Haut wird besser, der Puls schlägt etwas rascher und die Muskelanspannung lässt nach.

Die Hirnforschung hat gezeigt, dass angenehme Gefühle wie Glück oder Freude und unangenehme Gefühle wie Angst, Ärger oder Scham in unterschiedlichen Hirnbereichen erzeugt werden. Folglich sind die Hirnareale, die bei kernspintomografischen Aufnahmen des Gehirns von unglücklichen Menschen deutlich aktiviert sind, bei glücklichen Menschen nicht einfach nur schwächer ausgeprägt. Es sind dann vielmehr ganz andere Hirnareale beteiligt.

Positive Gefühle wie Glück und negative wie Angst, Ärger oder Trauer schließen sich allerdings nicht vollkommen aus, sondern können nebeneinander bestehen. Sie können auch gegeneinander arbeiten, indem die positiven Empfindungen die negativen dämpfen oder verhindern. Schon kleine Momente der Freude durch eine nette Begrüßung, ein Kompliment oder ein Lächeln können sich folglich überaus vorteilhaft auswirken, indem sie Stress mildern. Konzentriert man sich zum Beispiel auf die angenehme Wärme des Sonnenlichts auf der Haut und lässt man ganz bewusst den blauen Himmel auf sich wirken, dann wird sich die eigene Grundstimmung zum Positiven wenden. Und diese kleine Wende gibt dann den entscheidenden Ausschlag dafür, dass sich die eigene Niedergeschlagenheit vertreiben lässt.

Die Wissenschaft hat den Schleier um einige Geheimnisse des Glücks gelüftet. Wir verstehen inzwischen einiges mehr von dem, was bei Glücksgefühlen abläuft. Und immer zeigt sich dabei, dass unser Glück beeinflussbar ist. Neurobiologisch betrachtet entsteht Glück im limbischen System des Gehirns. Dieser Bereich ist die entscheidende Schaltstelle für unsere Gefühle. Im Thalamus, der auch als Tor zur Großhirnrinde bezeichnet wird, werden zunächst alle Sinnesreize nach ihrer Dringlichkeit sortiert und dann zur Amygdala weitergeleitet, die nach ihrer Form auch als Mandelkern bezeichnet wird. Dort werden die Gefühle ausgelöst und die körperlichen Reaktionen in Gang gesetzt. Bei angenehmen Gefühlen wird das sogenannte Belohnungszentrum im Großhirn stimuliert, dessen wichtigste Struktur der Nucleus Accumbens ist.

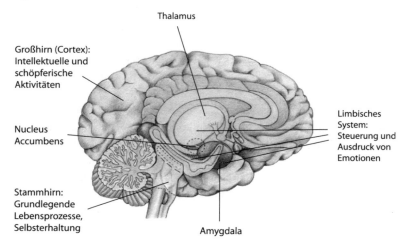

Abbildung 1: Aufbau des menschlichen Gehirns

Die Gefühlsnachrichten werden dann mittels bestimmter Botenstoffe von Nervenzelle zu Nervenzelle weitergeleitet. Bei Glücksgefühlen spielen vor allem die Neurotransmitter Dopamin und Serotonin eine Rolle. Daneben sind aber auch die vergleichsweise langsamer wirkenden Hormone wichtig, die in vielen Organen des Körpers gebildet und über die Blutbahn verteilt werden. Auch die Hormonproduktion wird im limbischen System, nämlich in der Hypophyse, angeregt und gesteuert. Für Glück und Wohlbefinden spielen insbesondere Endorphine und Dynorphine eine Rolle, aber auch das Oxytocin, von dem bereits im Zusammenhang mit frühem Aufbau von Bindungen die Rede war (vgl. S. 22 f.).

Serotonin wird im Stammhirn produziert. Als genereller Modulator für Gefühle beeinflusst es von dort aus unsere Stimmungslage. Es ist ein Botenstoff, der durch Licht beeinflusst und vom Körper selbst produziert wird, vor allem aus eiweißreicher Nahrung wie Nudeln, Bananen, Schokolade und Nüssen.

Das Glück der Vorfreude

Zu den weiteren, wichtigen Botenstoffen von Glück und Wohlbefinden gehört das Dopamin. Es wird im Belohnungszentrum des Gehirns ausgeschüttet, wenn Menschen etwas begehren oder sich etwas intensiv wünschen. Dopamin kann deshalb als der chemische Hauptschalter des freudigen Begehrens aufgefasst werden, der die Aufschrift trägt »Das will ich haben!« Dabei kann es um ganz Unterschiedliches gehen: um das frisch gebratene Hähnchen, auf das man Appetit bekommt, um ein Tennismatch, das man gewinnen will, um einen attraktiven Menschen, den man sieht und dem man gern näherkommen möchte, oder auch um eine reizvolle berufliche Herausforderung, der man sich gerne zuwenden würde. Der innere Vorsatz des »Das will ich« wird durch dopamingesteuerte Vorfreude beflügelt. Dopamin macht wach und weckt alle Lebensgeister. Die Neugierde steigt und die Kreativität erhöht sich. Zugleich wird die Aufmerksamkeit auf das Wesentliche gelenkt und das Lernvermögen gesteigert. Auch die Lust auf Sexualität wächst durch die Freisetzung von Dopamin.

Ohne Dopamin und die dadurch ausgelösten Glücksgefühle würden die Menschen kaum etwas dazulernen, denn ohne Lust fällt das Lernen schwer. Positive Gefühle erleichtern dagegen das Lernen. Unbekanntes wird durch Dopamin interessant und verlockend, und so wenden sich Menschen Neuem eher zu. Dopamin bringt die Menschen aber auch dazu, Regelhaftigkeiten in der Umwelt zu erkennen und Gelerntes besser im Gedächtnis zu verankern, indem es die Entstehung neuer Verknüpfungen im Gehirn fördert.

Hat man dann bekommen, was man begehrte, klingt der Dopamin-Rausch rasch ab und das Hochgefühl verliert sich. Für neues Verlangen sind dann stets andere Ziele und neue Verheißungen erforderlich.

Das Glück des Genießens

Menschen erleben Glücksgefühle nicht nur dann, wenn sie sich etwas wünschen oder gar heiß begehren. Neben dem *Wollen* und der damit verbundenen Vorfreude gibt es aber auch noch das *Mögen*. Vorfreude gehört zu dem einen, der Rausch des Genusses zu dem anderen.

Wir erleben diese Glücksgefühle dann, wenn wir bekommen oder erreicht haben, was uns sehr am Herzen lag. Die Botenstoffe des damit verbundenen Genießens sind die körpereigenen Opioide. Wichtig sind zunächst einmal die berauschenden, glücklich machenden Endorphine. Eine Rolle spielen aber auch die Dynorphine, die unangenehme Gefühle auslösen können. Bei Glücksgefühlen wirken die Endorphine, Dynorphine und auch das Dopamin gut aufeinander abgestimmt zusammen. Dynorphin wird ausgeschüttet, wenn dem Organismus etwas fehlt, das er zum Leben braucht. Der Mensch wird dann unruhig und versucht, diesen Mangelzustand zu beheben.

Ist ein geeignetes Ziel in Sicht, kommt Begehren auf und Dopamin wird freigesetzt. Das stimmt optimistisch und sorgt dafür, dass sich die Menschen für das, was sie begehren, auch ausreichend anstrengen. Der Weg zum Glück ist nun gut gebahnt. Wird das ersehnte Ziel dann erreicht, ist das Glück vollkommen. Endorphine werden ausgeschüttet und mit ihnen kehrt Ausgeglichenheit und Wohlbehagen ein. Beispielsweise konnte bei Bungee-Springern eine Zunahme an Endorphinen im Blut nachgewiesen werden, die mit der beim Sprung erlebten Euphorie übereinstimmt. Doch nicht nur in Momenten des Glücks werden Endorphine in verstärktem Maße freigesetzt, sondern auch bei starker körperlicher Anstrengung, bei großem Stress oder zur Unterdrückung extremer Schmerzen. In diesem Zusammenhang ist das »Runner's High« zu erwähnen, ein Hochgefühl, das vielfach bei Marathonläufern festgestellt wurde, aber auch beim gewöhnlichen Joggen eine Rolle spielen kann. Ganz gleich wie ausgeprägt der Glückszustand auch ist, nach kurzer Zeit sinkt der Glückspegel unweigerlich wieder auf den Normalzustand ab. Je nachdem, wie groß der Kontrast zum vorausgegangenen Glück erlebt wird, kann dies durchaus auch schon einmal als Absturz ins Unerträgliche erlebt werden und tiefe Niedergeschlagenheit mit sich bringen. Ganz deutlich zeigt sich hier, dass Glück auch vom Kontrast zum Unglück lebt.

Es gibt auch die Schattenseiten, bei denen es nicht mehr um das Genießen geht, sondern von Sucht gesprochen werden muss. Wir wollen hier nicht näher auf die Entstehung von Sucht eingehen, sondern nur darauf hinweisen, dass Dopamin und körpereigene Opioide dabei eine Rolle spielen. Alkohol und Zigaretten, vor allem aber Drogen wie Heroin und Kokain setzen im Gehirn in vermehrtem Umfang Dopamin frei und führen dann zur Ausschüttung von mehr Endorphinen im Belohnungssystem des Gehirns. Bei langjährigem Drogenmissbrauch stumpfen die Schaltkreise des Belohnungssystems im Gehirn schließlich so sehr ab, dass auch hohe Drogendosen keine euphorischen Gefühle mehr erzeugen, sondern nur noch den schweren Entzugssymptomen entgegenwirken können. Kurz: Sucht führt ins Unglück.

Wir sind nun an einem Punkt angelangt, an dem wir die Wissenschaft für einen Moment verlassen wollen, um uns noch einmal unserem ganz persönlichen Glück zuzuwenden. Ein wiederholtes Nachdenken über das eigene, ganz individuelle Glück liegt ja nahe, wenn man ein Buch über Glück liest. Angeregt durch das Lesen wird man sich fragen, wie es eigentlich um das eigene Glück bestellt ist und wie gut es bisher gelungen ist, glücklich zu leben. Und man wird sich überlegen, wie das persönliche Glück noch vertieft oder verbessert werden könnte. Wir wollen uns mit dieser vielleicht wichtigsten Frage in unserem Leben nicht sofort theoretisch befassen, sondern uns ihr behutsam annähern, indem wir uns unser Glück zunächst kreativ ausmalen: wie es ist oder wie es – in den schönsten Farben – sein könnte.

Das persönliche Glück fantasievoll ausmalen

Diese erste Strophe aus den *Liedern des Prinzen Vogelfrei* von Friedrich Nietzsche[3] kann helfen, sich mit dem ganz persönlichen Glück zu befassen und es etwas genauer auszuloten:

Mein Glück
Die Tauben von San Marco
seh' ich wieder:
still ist der Platz, Vormittag
ruht darauf.
In sanfter Kühle schick' ich
müßig Lieder
gleich Taubenschwärmen in
das Blau hinaus –
und locke sie zurück,
noch einen Reim zu hängen
ins Gefieder
– mein Glück! Mein Glück!

Manche Städte sind in der Fantasie der Menschen ja in besonderer Weise dazu ausersehen, Glück zu wecken. Vorzugsweise sind es Orte im Süden. Venedig gehört zweifellos dazu. Auch manche Landschaften sind in idealer Weise geeignet, Glücksfantasien in Gang zu setzen. Die sanfte Hügellandschaft der Toskana ist ein gutes Beispiel dafür. Sie hat viele Dichter und Maler inspiriert, Glück und sinnliche Freuden anregend künstlerisch darzustellen. Aus psychologischer Sicht gibt es Anhaltspunkte dafür, dass tatsächlich bereits der Ausblick in eine sanfte Hügellandschaft glücksförderndes Potenzial hat.

Jeder kennt den besonderen Reiz von Sonnenuntergängen. Nicht nur an paradiesischen Stränden, sei es auf Bali oder anderen Inseln der Träume, sondern auch an anderen Plätzen der Welt, die eine schöne Aussicht bieten, versammeln sich abends immer wieder Menschen, die sehnsüchtig das Schauspiel eines solchen Glücksmoments erwarten. Morgenrot und Sonnenaufgänge üben einen ähnlichen Reiz aus.

Orte und Plätze mit besonderem Naturgeschehen, an denen man sich schon einmal sehr glücklich gefühlt hat, sind ein guter Ausgangspunkt für die Beschäftigung mit dem persönlichen Glück. Selbst blasse Erinnerungen an die damit verbundenen Sinnesreize lassen das angenehme Gefühl noch einmal wach werden, das diesen Momenten zu eigen war. Jeder Mensch kennt so etwas, jeder auf seine Weise. Das kann der Lavendelduft sein, das Meeresrauschen, der Geschmack von Vanille oder der Blick auf die verschneiten Berge. Tagträumerisch kann man sich sein Glück anhand der eigenen Erinnerungsspuren leicht noch ein wenig deutlicher ausmalen und möglicherweise dabei auch ganz neue Vorstellungen und Visionen vom eigenen Glück entwickeln. Dem Gedanken »Wenn alles so wäre, wie ich es mir jetzt gerade ausmale, dann könnte ich ...« sollte man ruhig immer wieder einmal nachhängen. Fantasien zum eigenen Glück können hilfreiche Leitlinien für das eigene Leben darstellen und gute, erste Orientierungspunkte für eine Steigerung des eigenen Glücks sein.

Auch wenn man den Markusplatz in Venedig nicht kennt, um den es in dem Gedicht von Friedrich Nietzsche geht, vermittelt die Beschreibung der Ruhe, der Tauben und des blauen Himmels eine heitere Grundstimmung. Und eine positive Grundstimmung ist eine ausgezeichnete Basis für weitere Träume zum persönlichen Glück.

In der folgenden Übung wollen wir nun einen Traum vom Haus des Glücks träumen und uns anschließend einige Fragen zu unserem Glück stellen.

Übung: Im Haus des Glücks

Stellen Sie sich vor, Sie kommen zum Haus Ihres Glücks. Wenn Sie Zweifel haben, ob es das überhaupt gibt, können Sie ganz unbesorgt bleiben: Sie können sich dieses Haus des Glücks ganz einfach selbst bauen, so ganz nach Ihrer Fantasie!

Wie könnte es aussehen? Gehen Sie dazu Ihren ganz persönlichen Wunschvorstellungen nach. Ist es groß oder eher klein? Hat es viele Zimmer? Gibt es einen Balkon oder eine Terrasse? Soll es ein Haus mit Garten oder lieber ein Stadthaus mit einer überdachten Loggia sein? Malen Sie sich Ihr Haus ein wenig genauer aus und dann gehen Sie zum Eingang Ihres Hauses.

Öffnen Sie nun die Eingangstür. Und während Sie eintreten, können Sie sich umschauen und alles auf sich wirken lassen. Wohin möchten Sie sich wenden? Durch welche Tür möchten Sie nun gehen?

In dem Zimmer, das Sie nun betreten werden, finden Sie etwas, das Ihnen gut gefällt. Worauf ruht Ihr Blick, während Sie sich umschauen? Haben Sie es schon entdeckt, was Ihnen gefällt? Schauen Sie sich ganz in Ruhe um, bis Sie es herausgefunden haben.

Sie können sich Ihr Haus auch nach Ihren Wünschen einrichten, mit den Möbeln, die Sie mögen, den Bildern, die Sie lieben, vielleicht auch mit einem Kamin und mit all dem, was Ihr Leben behaglich macht.

Sie können nun überlegen, welche Menschen Sie bei sich in Ihrem Haus des Glücks haben möchten. Und Sie können sich auch ausmalen, wohin Sie sich in Ruhe und Muße ganz auf sich selbst zurückziehen möchten.

Manche Menschen zieht es in den Garten. Vielleicht gibt es bei Ihrem Haus einen Garten und vielleicht finden Sie dort noch etwas, das zu Ihrem Glück gehört.

Vielleicht möchten Sie schauen, was es auf dem Dachboden Ihres Hauses alles gibt. Vielleicht finden Sie dort etwas aufbewahrt, das Sie als Kind sehr geliebt haben und das glückliche Erinnerungen in Ihnen weckt.

Sie können sich das ganze Haus in aller Ruhe anschauen und tief in sich aufnehmen, was Sie mögen und was Sie glücklich macht.

Und dann können Sie sich langsam entschließen, Ihren Tagtraum zu beenden. Ganz entspannt können Sie dabei alle schönen Eindrücke und angenehmen Empfindungen mitnehmen.

Bevor Sie wieder in Ihre Alltagswirklichkeit und zum Weiterlesen zurückkehren, halten Sie noch einen Moment inne und beantworten Sie die folgenden Fragen:

- Welche schönen Bilder oder beglückenden Erinnerungen sind vor meinem inneren Auge aufgetaucht?
- Welche Menschen, welche Gegenstände oder Orte tragen zu meinem Glück bei?
- Habe ich herausgefunden, wie ich mich fühle oder fühlen möchte, wenn ich glücklich bin?
- Hat mich irgendetwas in meinen Fantasien vom Glück behindert?
- Welche heimliche Sehnsucht vom Glück habe ich entdeckt?

Sie können Ihre Antworten als ein erstes Resümee zu Ihrem persönlichen Glück festhalten. Vielleicht möchten Sie sich Ihre Antworten aufschreiben. Dann bedenken Sie bitte: Alles ist wichtig, nichts ist unwichtig oder unpassend. Sammeln Sie einfach, was Ihnen in den Sinn gekommen ist. Alles ist wertvoll und kann dabei helfen, Ihre persönlichen Erfahrungen, Vorstellungen und Wünsche vom persönlichen Glück genauer kennenzulernen.

Kehren wir nun nach diesen persönlichen Überlegungen wieder zu den wissenschaftlichen Ergebnissen zurück. Dabei soll es als Nächstes darum gehen, welchen Maßstab Menschen zugrunde legen, wenn sie sich selbst Rechenschaft über ihr Glück ablegen und sich fragen: »Bin ich eigentlich glücklich?« oder wenn sie gegenüber anderen Menschen darlegen sollen, wie glücklich sie mit sich und ihrem Leben sind.

Was ist der rechte Maßstab für Glück?

Bei der Frage »Wie geht es dir?« überlegen die meisten Menschen kurz, ob sie irgendetwas beeinträchtigt, und wenn dies nicht der Fall ist, antworten sie ohne viel nachzudenken: »Es geht mir gut!«

Bei der Frage »Bist du glücklich?« ist dies meistens ein wenig anders. Viele Menschen geraten dabei doch erst einmal ins Grübeln. Glücklich? Glücklich, das ist doch mehr als nur Gutgehen. Das ist doch etwas Besonderes. Ja, was heißt es eigentlich, glücklich zu sein? Viele Menschen wollen dann erst noch ein wenig genauer abwägen, bevor sie diese recht grundsätzlich klingende Frage, beantworten möchten. Wir fragen uns dann, wie diese Gefühle ganz genau beschaffen sein müssen, damit von *Glück* die Rede sein kann.

Auch Hermann Hesse, der bekannte deutsche Dichter und Schriftsteller, antwortet zwar zunächst spontan, dass er natürlich glücklich ist. Doch dann kommt er ins Nachdenken, ob das wirklich so ist, und stellt sich schließlich die Frage nach seinem Glück noch einmal anders: »Indem ich nachdenke, verwandelt sich die Frage. Ich möchte nun auf einmal wissen, wann mein frohester Tag, meine seligste Stunde war.« Ohne zu zögern kann er jetzt die Frage nach seinem Glück problemlos beantworten: »Mein frohester Tag! [...] In meiner Erinnerung, da, wo die guten, reinen, köstlichen Augenblicke aufgeschrieben sind, steht einer neben dem andern, zehn und hundert, und viel mehr als hundert, und jeder ist fehlerlos, mit ungetrübter Lust erfüllt, und einer ist so schön wie der andre, und keiner gleicht dem andern. – Auch dieser gegenwärtige, da ich den Becher langsam leere, der Musik lausche und Erinnerungen hege, auch dieser gegenwärtige Augenblick ist keiner von den schlechten.«[4]

Die Frage, ob es im eigenen Leben Momente des Glücks gibt oder Tage des Glücks gegeben hat, lässt sich zumeist leichter beantworten als die Frage, ob man glücklich ist. Solche Momente, in denen Glanz auf die Dinge fällt, sind besondere Lebensmomente, die in Erinnerung bleiben.

Können wir aus den Gefühlswerten dieser Augenblicke vielleicht eine Glückssumme bilden, die uns eine verlässliche Glücksbilanz liefert? Nun, eine subjektive Bilanz kommt auf diese Weise durchaus zustande, aber ist es eine verlässliche? Zählt tatsächlich jeder Glücksmoment gleich viel? Wiegt mancher nicht vielleicht im eigenen Erleben eher das Doppelte? Und der ganz besondere Glücksmoment, hat der nicht vielleicht noch mehr persönliches Gewicht als die schönen, aber eben nur als *schön* empfundenen Lebensmomente? Wir sehen: Glück ist nicht so ganz einfach zu ermitteln und festzuschreiben. Wie die Psychologie das »aktuelle Glück« erfasst und das »Durchschnittsglück« ermittelt, soll im Folgenden gezeigt werden. Dies kann uns dabei helfen, unser eigenes Glück auszuloten.

Dem Glück direkt auf die Spur kommen

Auf den bekannten amerikanischen Glücksforscher Mihaly Csikszentmihalyi geht die sogenannte Erlebnisstichproben-Methode (Experience-Sampling Method) zurück. Das ist eine interessante Untersuchungsmethode zur Messung von gefühlsmäßiger Gestimmtheit. Dabei wird ein Signalgeber benutzt, mit dem Menschen im Laufe des Tages mehrmals in unregelmäßigen zeitlichen Abständen angepiepst werden. Als Signalgeber können vorprogrammierte Pocket-Computer oder auch Mobiltelefone benutzt werden. Bei jedem »Pieps« oder Klingelsignal müssen die Menschen dann ihre momentane Tätigkeit aufschreiben sowie ihre aktuelle Stimmung auf einer vorgegebenen Skala einschätzen, die in mehreren Stufen von glücklich bis traurig reicht. Mit dieser Methode wird also

Glück ganz direkt erfragt, wobei ein unmittelbarer Bezug zu möglichen glückbringenden Tätigkeiten herstellbar ist.

Das Durchschnittsglück

Um unser Glück zu ermitteln, können wir auch einen standardisierten Fragebogen ausfüllen. Gut geeignet ist der Glücksfragebogen des Psychologieprofessors Michael W. Fordyce, der zu den bedeutenden amerikanischen Glücksforschern zählt. Schon Ende 1970 hat er sehr erfolgreich die ersten Glückstrainings mit Studierenden veranstaltet.

Sein Fragebogen erfasst auf einfache Weise, für wie glücklich man sich derzeit hält. Verlangt wird, dass man sein Leben mit Hilfe von zwei Fragen überblickt und zu einer groben Schätzung gelangt, wie es um das eigene Glück bestellt ist. Wir werden uns diese Fragen zu Beginn des 7-Tage-Programms selbst stellen.

Für die amerikanische Bevölkerung hat Fordyce nach einer Befragung von mehr als 3000 Personen ermittelt, dass sie sich im Durchschnitt als sehr glücklich einschätzt, denn der Durchschnittswert der amerikanischen Bevölkerung liegt bei einer zehnstufigen Skala aufgerundet bei einem Wert von Sieben.[5]

Ebenfalls im Durchschnitt betrachtet, ist die amerikanische Bevölkerung zum Zeitpunkt der Befragung zu etwas mehr als der Hälfte ihrer Zeit (54,2 Prozent) glücklich, allerdings auch zeitweise unglücklich, nämlich zu einem Fünftel ihrer Zeit (20,4 Prozent). Ein weiteres Viertel ihrer Zeit herrscht neutrale Stimmung (25,4 Prozent). Mit anderen Worten: Es gibt offensichtlich etwas mehr glückliche Zeiten als neutrale bis unglückliche. Kann das genügen? Kann man damit zufrieden sein? Eindeutig daraus ableiten lässt sich jedenfalls, dass das Leben beglückende Höhen, unglücklich machende Tiefen und neutrales Flachland aufweist. Immerhin aber gibt es für die amerikanische Bevölkerung in der Hälfte ihrer Lebenszeit beglückende Zustände. Auch wenn keineswegs alle Tage Sonnenschein ist, empfinden sich die Amerikaner damit im Ganzen gesehen als glücklich.

Das allgemeine Glücksniveau lässt sich mit einem kurzen Fragebogen abschätzen, der von der Psychologieprofessorin Sonja Lyubomirsky an der Universität von Kalifornien in Riverside entwickelt wurde.[6] Es wird hier erfragt, ob man sich ganz allgemein für einen sehr glücklichen oder einen nicht glücklichen Menschen hält. Zudem wird erfragt, ob man sich verglichen mit den meisten Menschen des gleichen Alters für glücklicher oder weniger glücklich hält. Dann muss man beurteilen, ob es für die eigene Person zutrifft, dass man generell sehr glücklich ist, das Leben genießt und egal, was passiert, immer das Beste für sich daraus macht. Und schließlich muss man sich noch mit den Menschen vergleichen, die generell niemals so glücklich wirken, wie sie sein könnten, und einschätzen, wieweit dies auf die eigene Person zutrifft.

Glück im Rückblick

Oftmals werden Menschen auch in Interviews zu ihrem Glück befragt und sollen dabei eine Rückschau halten, bei der sie ihr bisheriges Glück beurteilen. Geht es um das Glück der letzten Tage oder Wochen, wird man sich noch relativ gut erinnern können, ob es Glücksmomente gab, worin dieses Glück bestand, wie intensiv es ausgeprägt war und womit man es in Zusammenhang bringt. Der Rückblick kann sich auch auf bestimmte Zeiten des Lebens wie zum Beispiel die Schulzeit oder die Kindheit beziehen. Oder um das Glück in bestimmten Bereichen des Lebens: Wie glücklich ist man im Beruf oder in der Partnerschaft? Wie glücklich erlebt man sich mit seinen Kindern? In den Antworten auf solche Fragen wird manchmal eine weit zurückreichende Einschätzung des persönlichen Glücks verlangt. Diese Glücksbeurteilung ist nicht mehr durch unmittelbare Gefühle geprägt, sondern enthält vor allem persönliche Wertvorstellungen und Bewertungen, wie etwas sein sollte oder sein müsste.

Mit Interviews kann man gut aufklären, ob man mit seinem Leben rundum zufrieden ist, ob man bekommen hat, was man wollte, und nichts oder vielleicht vieles anders machen würde, wenn man sein Leben noch einmal leben dürfte. Das Ergebnis dieser Befragung ist abhängig von der gegenwärtigen Stimmung. Wer depressiv ist, wird sich bei solchen Fragen eher an Trauriges erinnern. Die rückblickende Bewertung des eigenen Lebens wird überschattet. Die guten Seiten können in diesem depressiven Zustand kaum mehr gesehen werden, auch wenn es sie gleichermaßen gab.

Glück im Vergleich

Ist das eigene Glück erst einmal in Zahlen gefasst, wie dies mit einem Glücksfragebogen möglich ist, dann kann man es leicht mit dem Glück anderer Menschen vergleichen. Geht man wissenschaftlich vor, dann interessiert zum Beispiel, ob sich Personen unterschiedlichen Alters, Geschlechts oder Bildungsstands bezüglich ihrer Glückseinschätzungen unterscheiden. Oder es könnte auch interessieren ob sich Personen unterschiedlicher Berufe in Bezug auf ihr Glück unterscheiden oder ob das Glück von Verheirateten und Unverheirateten, Personen mit und ohne Kinder voneinander abweicht.

Auch wenn es nicht um wissenschaftliche Studien geht, sondern wenn wir ganz allein für uns selbst unser Glück einschätzen, kommt es in der Regel zu Vergleichsprozessen. Denn wenn es um die Beurteilung des eigenen Glücks geht, dann geht es nicht nur um Gefühle, sondern immer auch um Bewertungen.

Oft vergleicht man sich ganz spontan mit Menschen, die einem in irgendeiner Weise besonders wichtig sind. Man fragt sich dann vielleicht, ob man gemessen daran, wie *diese* Menschen sind, was sie besitzen oder wie sie leben, mit sich selbst tatsächlich zufrieden und glücklich sein kann. Je nachdem, ob man anderen etwas gönnen kann oder eher dazu neigt, anderen zu neiden, was sie haben, wird solch eine vergleichende Bewertung das eigene Glück vielleicht gehörig trüben.

Doch kann oder sollte es uns überhaupt primär darum gehen, uns bezüglich unseres eigenen Glücks mit anderen Menschen zu vergleichen? Das ist gewiss nicht uninteressant und für die eigene Orientierung durchaus hilfreich. Aber soll Glück eine Frage des Wettbewerbs werden? Geht es etwa darum, glücklicher zu werden als die Nachbarin, der Kollege oder die Chefin? Natürlich nicht. Wir können aber für die Zukunft die Messlatte für uns selbst vielleicht etwas höher legen und uns anstrengen, noch etwas mehr für unser Glück zu tun, wenn wir Vergleiche anstellen. Wenn wir dabei an uns selbst erfüllbare Ansprüche stellen, räumen wir uns mehr Glückschancen ein.

Vielfach kommt man auch dadurch zur Einschätzung seines Glücks, indem man sein aktuelles Erleben mit vorangegangenen Lebenserfahrungen vergleicht. Fühlt man sich besser als in früheren Zeiten, wird daraus abgeleitet, dass man jetzt glücklicher ist. Kann man feststellen, dass ein zuvor verspürtes Unbehagen gänzlich gewichen ist und man sich frei und unbeschwert fühlt, dann kann an diesem inneren Maßstab ohne große Mühe festgemacht werden, dass man sich wohl fühlt und vielleicht sogar glücklich ist.

Welchen Menschen gelingt es besser, ihr Glück weitgehend eigenständig zu bestimmen, unabhängig davon, was andere Menschen als solches empfinden? Zumeist sind dies Menschen, die ihre persönlichen Bedürfnisse gut kennen. Deren Erfüllung ist für sie der entscheidende Gradmesser für ihr Glück. Außerdem spielt eine Rolle, wie autonom, also wie unabhängig von der Meinung anderer Menschen man denken und handeln kann. Relativ autonome Menschen haben keine Angst, ihr Leben so zu gestalten, wie es für ihre persönlichen Bedürfnisse und ihr Glück wichtig ist.

Der international bekannte Glücksforscher Martin Seligman, Psychologieprofessor an der Universität von Pennsylvania, hat den Begriff »*authentisches* Glück« geprägt und damit noch einen anderen Maßstab vorgegeben. Beim authentischen Glück geht es nicht um Vergleich oder gar um Wettbewerb mit anderen Menschen, sondern nur darum, sich an sich selbst zu orientieren. Indem man seine eigenen Stärken erkennt und im Leben entfaltet, ergibt sich ein Glück, das ganz und gar daran festgemacht werden kann, ob es als glaubwürdig und echt erlebt wird. Genau das ist authentisches Glück.

Wozu brauchen wir Glücksgefühle?

Negative Gefühle sichern das Überleben. Sie warnen vor Gefahren, geben Anstoß zu einer Richtungsänderung des eigenen Verhaltens oder veranlassen zum Innehalten. Halten sie zu lange an, schaden sie dem menschlichen Organismus. Doch wozu sind Glücksgefühle gut? Welche Aufgabe kommt diesen positiven menschlichen Gefühlen zu? Die psychologische Forschung gibt darauf eine klare Antwort. Menschen, die sich wohl fühlen, und insbesondere solche, die glücklich sind, sind ausgeglichener, offener und flexibler als solche, die sich nicht wohl fühlen und unglücklich sind. Das sind entscheidende Voraussetzungen dafür, dass man das, womit man sich beschäftigt, zielgerichtet und mit Interesse beginnt und fortsetzt. Weil wir Erfolge sehen, die uns ein gutes Gefühl geben und unseren Selbstwert steigern, gehen wir beispielsweise einer bestimmten Aufgabe in unserem Beruf engagiert weiter nach; weil uns Klavierspielen gefällt, üben wir ein bestimmtes Musikstück, bis es immer besser klingt; und weil wir gern im Garten arbeiten, beschäftigen wir uns immer wieder damit, ihn zu gestalten. Fühlt man sich gut gestimmt und wohl, dann ist dies auch eine entscheidende Voraussetzung dafür, dass man sich Neuem aufgeschlossen zuwendet und auf wechselnde Umweltanforderungen optimistisch einstellen kann.

Handlungsspielraum und Ressourcen

Vor dem Hintergrund von Freude und Glück werden neue Fähigkeiten ausgebildet. Kreativität ist möglich und auch Zielstrebigkeit und Beharrlichkeit werden trainiert. Indem man sich kreativ mit Neuem auseinandersetzen kann und beharrlich neue Ziele verfolgt, wächst das erfahrungsgebundene eigene Wissen. Eine Aufwärtsspirale kommt in Gang, wie dies Barbara Fredrickson von der Universität von North Carolina in ihrer *Broaden and Build*-Theorie gefasst hat.[7] Diese Theorie besagt, dass positive Gefühle uns weitsichtiger und flexibler werden lassen und unseren Handlungsspielraum erweitern *(broaden)*. Dadurch lassen sich zunehmend mehr eigene Ressourcen aufbauen *(build)*. Die Selbstsicherheit wächst, man blickt mit mehr Zuversicht und positiven Erfolgserwartungen in die Zukunft und erlebt sich selbst als handlungsfähiger.

Beschleunigter Stressabbau

Positive Gefühle lassen die entstandenen Stressreaktionen rascher abklingen – ein weiterer günstiger Effekt. Festgestellt wurde dies in einem psychologischen Experiment, bei dem die Teilnehmer die Aufgabe bekamen, eine Stegreifrede zu halten, die per Video aufgezeichnet werde. Zur Vorbereitung hätten sie genau eine Minute lang Zeit, mehr nicht. Die Teilnehmer waren durch diese Aufgabe deutlich irritiert. Ihre Herzfrequenz, ihr Blutdruck und ihr Handschweiß stiegen erkennbar an, was auf eine merkliche Stressreaktion hinweist. Unmittelbar anschließend wurde ihnen ein Videofilm vorgeführt und währenddessen maß man ihre körperlichen Reaktionen. Es gab vier verschiedene Filme. Zwei dieser Filme regten eher positive Gefühle der Belustigung und Zufriedenheit an, einer stimmte traurig und einer hatte einen emotional-neutralen Charakter. Die Teilnehmer des Experimentes wurden zufällig einer dieser vier Vorführungen zugewiesen.

Mit Beginn der Filmvorführung wurde allen mitgeteilt, dass die Rede nur ein Bluff gewesen sei. Was passierte nun? Die Werte von Herzfrequenz, Blutdruck und Handschweiß gingen bei den Personen, die im Film durch positive Gefühle beeinflusst wurden, deutlich rascher wieder auf die Ausgangswerte zurück als bei den anderen, die den emotional-neutralen Film betrachteten. Diejenigen, die sich den traurig stimmenden Film ansahen, brauchten am längsten, um sich wieder zu regenerieren.

Was besagen diese Ergebnisse? Offensichtlich können positive Gefühle bei Stress eine entspannende Wirkung ausüben. Damit leisten positive Gefühle etwas sehr Willkommenes und Wichtiges. Auch andere Studien belegen, dass die Gesundheit von positiven Gefühlen profitiert. So zeigte sich beispielsweise, dass sich die Abwehrkräfte des Immunsystems durch gute Laune und entspannte Gelassenheit erhöhen und Heilungsprozesse günstig beeinflusst werden.

Widerstandskräfte und Erfolg

Auch beim Umgang mit Krisen, widrigen Umständen und Schicksalsschlägen sind positive Gefühle eine Hilfe. Erleben Menschen häufig positive Gefühle und können sie sich ihr positives Erleben bewahren, dann stärkt dies ihre Resilienz.[8] Dieser Begriff bezeichnet eine besondere Widerstandsfähigkeit, die bereits in früher Kindheit erworben wird und über das Leben hinweg bestehen bleibt. Sie erlaubt es Menschen, trotz schwieriger Lebensumstände Hoffnung und Optimismus zu entfalten, Vertrauen in ihre Kräfte zu haben, ihre persönlichen Ressourcen auszuschöpfen und flexibel auf Stress und Belastungen zu reagieren. Man könnte solche relativ robusten, widerstandsfähigen Menschen auch als Überlebenskünstler oder »Stehaufmännchen« bezeichnen, die an ihren schwierigen Situationen wachsen.

Dass Glück und Erfolg zusammengehören, ist naheliegend, aber nicht selbstverständlich. Glücksgefühle sind nicht nur ein Effekt erfolgreichen Handelns, wie die amerikanische Forschergruppe von Ed Diener zeigen konnte, sondern wenn sie bereits im Vorfeld vorhanden sind, können sie den Erfolg einer Handlung auch begünstigen.

Fassen wir zusammen: Positive Gefühle sind zwar jeweils nur von kurzer Dauer, aber aus diesen kurzen erhellenden Momenten des Lebens entwickeln sich schließlich dauerhafte persönliche Ressourcen, die uns flexibler, stabiler und erfolgreicher machen. Wir profitieren davon in jeglicher Hinsicht, vor allem aber auch im Kontakt mit anderen Menschen. Als glückliche Menschen sind wir nämlich zugewandter und sozial aufgeschlossener. Die Grenzen zur Außenwelt werden durchlässiger, und da glückliche Menschen attraktiver wirken, gelingen ihnen soziale Beziehungen oft rascher. Wir profitieren schließlich aber vor allem auch in Krisen- und Belastungszeiten von den Fähigkeiten, die durch die kleinen positiven Alltagsmomente angeregt und entwickelt wurden.

Negative Gefühle sichern zwar das Überleben, doch positive Gefühle sind gleichermaßen wichtig. Auf einen kurzen Nenner gebracht kann man sagen: Glück ist lebensnotwendig.

Ist die Menschheit ausreichend glücklich?

Erwachsenenglück

Wie viele Menschen sich als glücklich bezeichnen, wurde in Deutschland erstmals im Jahr 1954 von dem bekannten Institut für Demoskopie in Allensbach durch eine repräsentative Umfrage ermittelt.[9] Wie das Glück dabei erfragt wurde, erscheint vielleicht etwas ungewöhnlich. Es wurde nämlich nicht direkt abgefragt:»Sind Sie glücklich?« In diesem Fall hätten die befragten Menschen vermutlich in sich hineingelauscht und sich gefragt: Ja, wie glücklich bin ich eigentlich? Oder sie hätten sich möglicherweise auch gefragt: Gibt es irgendetwas, das mich unglücklich stimmt?

In der Umfrage ging man anders vor. Es wurde so gefragt, als würde ein anderer Mensch auf das eigene Glück schauen und es beurteilen. Die konkrete Frage lautete:»Wenn jemand von Ihnen sagen würde ›Dieser Mensch ist sehr glücklich!‹ – hätte er damit Recht oder nicht Recht?« Als Befragter prüft man hier: Trifft diese Sichtweise eines anderen Menschen auf mich zu? Bin ich, aus der Sicht anderer Menschen betrachtet, nicht doch eigentlich recht glücklich?

Der Anteil der Menschen, die sich als »sehr glücklich« bezeichneten, lag bei 28 Prozent und dieser Anteil blieb auch bei späteren Umfragen dieser Art immer ziemlich konstant in dieser Höhe. Ist ein knappes Drittel nicht ein viel zu niedriger Anteil an glücklichen Menschen? Und sollten die Menschen im Laufe der Zeit nicht immer glücklicher geworden sein, wo doch die menschlichen Grundbedürfnisse in unserem Land vollends befriedigt werden? Unsere Gesellschaftsform erlaubt es uns, frei auf unsere ganz persönliche Art zu leben. Das ist ein sehr guter Ausgangspunkt für ein glückliches Leben, denn Befragungsergebnisse zeigen, dass Handlungs- und Entscheidungsfreiheit und Glück direkt zusammenhängen. Man könnte folglich annehmen, dass die Menschen im Laufe der Jahre immer glücklicher werden müssten. Doch dieser Trend zeichnet sich nicht ab.

Der Anteil der sehr glücklichen Menschen hat nicht zugenommen, sondern er bewegt sich ziemlich konstant in einem Bereich um etwa 30 Prozent. Das zeigen auch mehrere repräsentative Studien des Statistischen Bundesamtes. Hier wurde die direkte Frage gestellt, ob man sich als »sehr glücklich«, »etwas glücklich« und »unglücklich« bezeichnen würde. Bei diesen Umfragen schätzten sich mindestens 20 Prozent der Befragten als »sehr glücklich« ein. Die Mehrzahl (mindestens zwei Drittel) jedoch stufte sich als »etwas glücklich« ein. Als »sehr unglücklich« bezeichneten sich zwischen 4 und maximal 9 Prozent der befragten Menschen in Deutschland.[10]

Bemerkenswert ist, dass Glück und Bildung zusammenhängen. So antworteten in einer Umfrage des Allensbacher Meinungsforschungsinstituts, über die im Jahr 2007 in der Frankfurter Allgemeinen Zeitung berichtet wurde, 45 Prozent der Befragten mit abgeschlossenem Studium, aber nur 26 Prozent der Befragten mit Hauptschule ohne Abschluss auf die Frage »Halten Sie sich selbst für glücklich« mit »Ja«. Das Glück steigt dieser Umfrage zufolge systematisch mit dem Grad der Bildung.

Reichtum und Geld sind für das eigene Glück nicht sehr maßgeblich, das zeigt die psychologische Forschung immer wieder. Menschen in ärmeren Ländern sind vielmehr mit ihrer finanziellen Situation überwiegend so zufrieden wie wir. Und obgleich unser Einkommen in den letzten 50 Jahren deutlich gestiegen und damit unsere Lebenssituation objektiv besser geworden ist, wird die materielle Situation doch ähnlich gut oder schlecht wie vor 50 Jahren beurteilt. Offenbar hat die Einschätzung wenig mit den objektiven Gegebenheiten zu tun. Als Maßstab für das eigene Glück wird beispielsweise der Durchschnittsverdienst eines Landes herangezogen. Wer in seinem Land zur jeweiligen Zeit gut verdient, ist zufrieden, unabhängig davon, wie hoch der allgemeine Wohlstand in diesem Land tatsächlich ist.

Kinderglück

Auch die Kinder in Deutschland sind überwiegend glücklich. Dies zeigt die repräsentative Umfrage aus dem Jahr 2007, die im Auftrag des ZDF von einem Münchner Institut bei mehr als 1200 Kindern im Alter von 6 bis 13 Jahren durchgeführt wurde.[11] Hier waren sogar 40 Prozent sehr glücklich, wogegen 14 Prozent sich tendenziell als eher traurig einschätzten. Ermittelt wurden diese Ergebnisse, indem die »Gesichterskala« vorgelegt wurde, auf der Smileys von lachend bis weinend zu sehen waren. Nach der Form des Mundes (lachend oder eher weinend) konnten die Kinder das eigene Glück einstufen.

Interessant ist, dass die Sechsjährigen viel glücklicher waren als die älteren Kinder. Sie bezeichneten sich zu 57 Prozent als total glücklich, während dies bei den Dreizehnjährigen nur noch zu 25 Prozent der Fall war. Dies entspricht eher dem Ergebnis, das man bei Erwachsenen gefunden hat. Für Anton Bucher, Professor an der Universität Salzburg, ist dies ein Hinweis darauf, dass ältere Kinder in ihrem Leben bereits erfahren haben, dass das eigene Glück auch verfehlt werden kann.

Festhalten können wir, dass Glückserfahrungen, die wir in unserer Kindheit gemacht und die unsere Sinne geweckt haben, auch in späteren Jahren wichtige Ressourcen für uns bleiben, auf die wir immer wieder zurückgreifen können.

Lebensbewältigung und seelische Gesundheit

Dass sich die Menschen auf dieser Welt mehrheitlich als glücklich bezeichnen, besagt noch nicht unbedingt, dass sie auch tatsächlich glücklich sind und das Beste aus ihrem Leben machen. Die repräsentative MIDUS-Studie (Midlife in the United States-Study) in den USA zeigte ganz im Gegenteil, dass nur etwa ein Viertel der amerikanischen Erwachsenen zwischen 25 und 74 Jahren ein seelisch gesundes Leben führen, das man als erfüllt und gut gelungen ansehen kann.[12] Das ist ein alarmierendes Ergebnis. Offensichtlich verfügen viel zu viele Menschen nicht in ausreichendem Maße über genau die Fähigkeiten, die erforderlich sind, um das eigene Leben kraftvoll, engagiert und sinnorientiert zu gestalten.

Peter Becker, Psychologieprofessor in Trier, hat sich schon vor mehr als 20 Jahren intensiv mit seelischer Gesundheit befasst. Dabei konnte er zeigen, welche besonderen Fähigkeiten nötig sind, um ein gut gelingendes, wirklich glückliches Leben zu führen. Es geht dabei um Fähigkeiten, die Becker als Lebensbewältigungs-Kompetenzen bezeichnet.

Was sind die Lebensbewältigungs-Kompetenzen, die unsere seelische Gesundheit garantieren? Es sind eine Reihe von Fähigkeiten, die Menschen im Laufe ihres Lebens erwerben und die ihnen dabei helfen, den Anforderungen ihres Lebens zuversichtlich begegnen zu können. Und wenn diese Fähigkeiten gut ausgebildet sind, dann werden die jeweiligen Lebensanforderungen zumeist auch erfolgreich bewältigt.

Um welche Fähigkeiten geht es im Einzelnen? Neben guter Kontrolle über das eigene Verhalten ist es die Fähigkeit, sich Wohlbefinden zu verschaffen und das eigene Leben als sinnerfüllt zu erleben. Weiterhin gehört eine Fähigkeit dazu, die Peter Becker als Selbstaktualisierung bezeichnet. Sie macht es möglich, dass das Leben aktiv und nach eigenen Wünschen und Vorstellungen gestaltet werden kann. Und schließlich sind noch zwei weitere Kompetenzen für eine gut gelingende Lebensbewältigung wichtig, nämlich ein positives Selbstwertgefühl und die Fähigkeit, zu anderen Menschen eine wertschätzende und liebevolle Beziehung aufbauen zu können.

All diese Fähigkeiten können im Laufe des Lebens gut erlernt werden, und das ist wichtig, betrachtet man den Prozentsatz jener Menschen, die nach der MIDUS-Studie ihr Leben eher lust- und kraftlos ohne viel eigene Energie und ohne persönliches Engagement verbringen. Der Anteil dieser Menschen ist so erschreckend hoch, dass der amerikanische Sozialwissenschaftler Corey Keyes von der Emory Universität von *epidemischen* Ausmaßen spricht. Zwar sind all diese Menschen noch nicht so antriebslos und depressiv, dass sie dringend eine Psychotherapie benötigten, aber die Gefahr ist groß, dass sich daraus eine depressive Erkrankung entwickelt. Keyes hat deshalb die wissenschaftliche Fachwelt und die Politiker in den USA aufgerufen, gezielte gesundheits- und gesellschaftspolitische Maßnahmen zu ergreifen. Es geht darum, diesen

Menschen zu zeigen, wie sie die verschiedenen Impulsgeber des Glücks besser wahrnehmen und nutzen können. Und vor allem gilt es zu zeigen, welche Formen der Lebensgestaltung persönliches Glück, Lebenszufriedenheit und Wohlbefinden am ehesten garantieren. Eines kann schon gesagt werden: Eigene Aktivität und immer wieder auch ein bisschen Anstrengung sind gefordert, wenn es um echtes Glück geht. Besonders wichtig sind darüber hinaus Selbsterkenntnis, Selbstakzeptanz und ständige Weiterentwicklung.

Eine einfache Formel für Glück

Eine intensivere Beschäftigung mit den Wegen zum Glück lohnt nur, wenn wir unser persönliches Glücks-*Niveau* überhaupt selbst nachhaltig anheben können. Um zu zeigen, wie und an welcher Stelle eine Einflussnahme gut gelingen kann, haben Wissenschaftler ihre Forschungserkenntnisse komprimiert und auf eine einfache Formel gebracht. Bekannte Glücksforscher wie der schon erwähnte Martin Seligman oder auch Jonathan Haidt, Professor an der Universität von Virginia, verdeutlichen auf diese Weise, dass die Art, wie wir denken und die Welt sehen, sich entscheidend auf unser Glück auswirkt. Die Formel ist kurz und fasst alle wesentlichen Einflüsse, von denen unser Glück abhängt, zusammen:

$$G = V + L + W.$$

G steht für das allgemeine Glücksniveau, V für die vererbte Bandbreite des erreichbaren Glücks, L für unsere Lebensumstände und W für all jene Faktoren, die unter dem Einfluss unseres Willens stehen. Und dieses W ist ein gut veränderbarer Faktor. Unser Wille ist die entscheidende Glücksschraube, an der wir drehen können. An dieser Stelle können wir Einfluss auf unser Glück nehmen und unser Glücksniveau erhöhen.

Schauen wir aber zunächst noch die Komponente V, den genetischen Einfluss, etwas genauer an. Studien mit Zwillingen zeigten, dass sich Lebensfreude vererbt. Auf diesem Ergebnis baut die Theorie eines *Happiness-Setpoint* auf, die besagt, dass es ein genetisch bedingtes Glücksniveau gibt, einen Basiswert (*setpoint*), der langfristig stabil bleibt und unabhängig von äußeren Gegebenheiten ist.

Glück resultiert aber nicht allein aus dieser vererbten Bandbreite des

Möglichen; es gibt darüber hinaus auch noch weitere Einflusskomponenten, wie die Formel anschaulich verdeutlicht. Allerdings verhält sich das Erbgut, bildlich gesprochen, wie ein Steuermann, der auf ein bestimmtes Niveau von Freude und Glück hinsteuert. Beispielsweise wird ein Mensch mit introvertierten Persönlichkeitszügen soziale Kontakte eher meiden und sich auf sich selbst zurückziehen. Er kann diesem Kurs aber entgegenwirken, der durch die genetischen Einflüsse vorgegeben ist. Tut er dies aber nicht ganz gezielt und bewusst, dann wird er sein mögliches Glück nicht voll ausschöpfen. Denn gerade in befriedigenden Sozialkontakten liegt ja ein großes Glückspotenzial. Wenn er sich bewusst darum bemüht, einige soziale Kontakte zu pflegen, bei denen er sich noch am ehesten wohl und aufgehoben fühlt, ist bereits viel gewonnen. Extravertierte Menschen sind dagegen in dieser Hinsicht vom Glück sehr begünstigt, denn sie sind von Natur aus zugewandt, offen und kontaktfreudig und erhalten dafür von ihrer Umgebung auch immer wieder eine positive Rückmeldung.

Steigt unser Glückspegel nachhaltig nach oben, wenn uns das große Glück zufällt, oder bleibt alles immer auf einem relativ stabilen individuellen Niveau, ganz gleich, wie viel Gutes uns widerfährt? Um dies zu beantworten, ziehen wir eine Studie heran, bei der Personen befragt wurden, die einen großen Lottogewinn erzielt hatten. Hier zeigte sich, dass sich ihr Glück schon bald wieder auf ihren Normalzustand einpendelte. Bereits nach einem Jahr unterschieden sich die Lottogewinner in ihrem Glück nicht mehr von einer Kontrollgruppe ohne Lottogewinn.

Zu einer Rückregulation in Richtung Normalität kommt es erstaunlicherweise auch im Unglück. Dies zeigt eine Studie mit Personen, die bei einem Unfall eine Querschnittslähmung erlitten hatten. Nach anfänglicher tiefer Depression kam es bei diesen Menschen innerhalb einer relativ kurzen Zeit von etwa einem halben Jahr wieder zu einer deutlichen Stimmungsverbesserung und einer Rückregulation auf ihr früheres Glücksniveau.

Die äußeren Lebensumstände, die im Faktor L der Glücksformel gefasst sind, tragen nur bedingt zu unserem Glück bei. Es mag erstaunen, aber Einkommen und Geld, so belegt es die Glücksforschung, sind weitgehend unmaßgeblich, sofern nicht bittere Armut herrscht. Erhöht werden die eigenen Glückschancen jedoch, wenn man in einer Gesellschaft lebt, in der Sicherheit, Freiheit und Demokratie herrschen, und um sich herum ein gutes soziales Netzwerk und eine feste Partnerschaft hat. Erhöht werden sie auch durch eine gute Ausbildung und ein höheres Bildungsniveau.

Entscheidend für unser Lebensglück sind all die Möglichkeiten, durch die wir selbst Einfluss nehmen können: der Faktor W der Glücksformel. Hier geht es um unsere bewussten und zielgerichteten Bemühungen, mit denen wir selbst auf unser Glück einwirken können. Die psychologische Forschung hat gezeigt, dass das eigene Glücksniveau am besten mit kontinuierlichem persönlichen Engagement und dem Einsatz eigener Stärken nachhaltig beeinflusst werden kann. Bevor wir uns diesen positiven Einflussmöglichkeiten zuwenden, müssen wir uns aber noch kurz mit der viel zitierten »hedonischen Tretmühle« befassen.

Die hedonische Tretmühle

Erleben wir vergnügliches, also sogenanntes hedonisches Glück, dann kann das immer nur von kurzer Dauer sein. Denn wir gewöhnen uns rasch an die angenehmen Dinge im Leben, die uns in nächster Zeit schon wie selbstverständlich erscheinen und die wir dann nicht mehr als besonders beglückend wahrnehmen. Dieser Gewöhnungsvorgang wird auch biologisch mitgesteuert. Immer wieder sind deshalb neue Anreize nötig, oder die schon bekannten Genüsse bedürfen einer Steigerung, damit sie erneut als beglückend erlebt werden können.

Dieser zwangsläufige Ablauf wurde als »*hedonische Tretmühle*« bezeichnet. Es soll damit ausgedrückt werden, dass es nicht gelingen kann, das eigene Glücksniveau wirklich dauerhaft anzuheben: Vielmehr komme es nach kurzen Glücksmomenten unweigerlich zu einer automatischen Rückregulation in den Normalzustand des Befindens, der als graue, neutrale Mittellage angesehen wird.

Gegen diese Auffassung wenden sich inzwischen zu Recht anerkannte Glücksforscher wie Ed Diener mit guten Argumenten.[13] Zum einen wird darauf hingewiesen, dass der durchschnittliche Basiswert menschlichen Glücks keineswegs im »neutralen Grau«, sondern bereits im *positiven* Bereich liegt. Auch wenn beglückende Ereignisse in ihrer Wirkung nachlassen, werden wir demnach nicht in eine trübe Stimmung zurückfallen. Zum anderen wird verdeutlicht, dass Menschen entsprechend ihrer Persönlichkeit und ihren erlernten Bewältigungsstrategien unterschiedlich auf äußere Einflüsse reagieren. Demnach kann man nicht davon ausgehen, dass unser Glück automatischen und letztlich unbeeinflussbaren Anpassungsprozessen unterliegt. Vielmehr hängt es entscheidend von der persönlichen Wahrnehmung und Bewertung ab, ob eine merkliche Rückregulation des Glücksempfindens eintritt. Genauso gut können sich Menschen ihre glückliche Stimmung auch – mitbedingt durch genetische Einflüsse – weitgehend stabil erhalten. Insbesondere extravertierte, aber auch gewissenhafte Menschen werden hier durch ihre Persönlichkeit begünstigt. Sie lernen es rascher und besser, ihren Glückspegel stabil nach oben zu verschieben. Doch grundsätzlich können alle Menschen ihr Glück beeinflussen. Mit gutem Erfolg wird dies gelingen, wenn man sich ganz bewusst auf solche Impulsgeber des Glücks konzentriert, die persönlich am angenehmsten sind.

Neun Impulsgeber für Glück

Wodurch können Menschen entscheidende Glücksimpulse erfahren? Gibt es vielleicht besondere Orte, an denen die Quellen des Glücks besonders munter sprudeln? Oder ist vor allem die Ausübung bestimmter Aktivitäten und Tätigkeiten mit dem Erleben von Glück verbunden?

Glück wird aus unterschiedlichen Quellen gespeist, und ganz verschiedene Impulse können die Zündfunken für Glück sein. Das wurde an den fünf Personen, die ihre Glückserfahrungen geschildert haben, bereits deutlich. Wir werden uns im Folgenden auf die Impulsgeber des Glücks konzentrieren, die sich bei empirischen Untersuchungen der Wohlbefindens- und Glücksforschung als wesentlich erwiesen haben. Auch auf eigene Studien werde ich dabei zurückgreifen.

Was sind die entscheidenden Impulsgeber?[14] Es geht um Glück durch soziale Kontakte, bei denen Nähe und Geselligkeit maßgeblich sind. Ein zweiter Impulsgeber des Glücks ist die Arbeit, ein dritter liegt in den verschiedensten Freizeitaktivitäten, ein vierter im Naturerleben, ein fünfter in Sport und körperlicher Betätigung, ein sechster in Muße und Entspannung, ein siebter in kulturellen Anregungen, ein achter im Konsumgenuss und der neunte schließlich im Fernseh- und Medienkonsum.

Soziale Beziehungen

In der psychologischen Glücksforschung sind stets soziale Beziehungen, wie sie auch drei der eingangs geschilderten Patienten in ihrem Glückserleben beschrieben haben, als die wesentlichsten Glücksquellen ermittelt worden. Durch viele Studien ist gut belegt, dass der eigene Partner oder die Partnerin als Glückbringer an erster Stelle steht, gefolgt von der Familie und engeren Freunden. Es sind die besonderen Qualitäten der menschlichen Beziehung, die hier für das Glückserleben wichtig sind. Vertraute Menschen vermögen Liebe und Geborgenheit zu geben und vermitteln Sicherheit gebende Zugehörigkeit und Verbundenheit. Sie garantieren darüber hinaus gemeinsamen Spaß, fröhliche Geselligkeit und geistigen Austausch. Das Glück der Partnerschaft, Familie und Freundschaft ist Balsam für Körper, Geist und Seele.

Arbeit

Eine weitere Quelle für Glück kann die Arbeit darstellen, wie bei dem oben erwähnten 47-jährigen Programmierer. Ob es für die meisten Menschen gelten kann, dass Arbeit als glückbringende Tätigkeit einen der ersten Rangplätze einnimmt, muss offen bleiben. Die Befragungen zum Thema Glück durch Arbeit fallen unterschiedlich aus. Mal ist es nur ein Drittel der Befragten, mal die Hälfte, die in ihrer Arbeit eine Quelle des Glücks sieht. Ob Arbeit ein Ort des Glücks ist, hängt davon ab, wie erfüllend die berufliche Tätigkeit erlebt wird, wie viel schöpferische Kraft dabei erfahren werden kann oder wie sinngebend sie empfunden wird. Die produktive Verwirklichung wichtiger eigener Ziele und Pläne steht als Impulsgeber des Glücks hier oft im Mittelpunkt.

Vielfach geht es aber auch um ein ganz besonderes Wohlgefühl, das bei der Arbeit entstehen kann, wenn es um herausfordernde Aufgaben oder die Beschäftigung mit einer aufkeimenden Idee geht. Volle Konzentration und wachsames Handeln sind gefragt. Die persönlichen Fähigkeiten müssen voll ausschöpft werden, damit die Aufgabe gelingen oder die Idee realisiert werden kann. Im Vollzug dieser Aufgabe entsteht dann ein Wohlgefühl, das Mihaly Csikszentmihalyi, der berühmte amerikanische Psychologe, mit dem Begriff *Flow* umschrieben hat. Wir werden uns später noch ausführlich damit befassen, was das Geheimnisvolle an dieser Art des Glücks ist, für das es keinen passenden deutschen Begriff gibt. Auch bei Kindern ist dieser Zustand nicht unbekannt. Versunken im Spiel oder einer anderen Beschäftigung, wirken sie wie von der Welt entrückt und gehen völlig in ihrem Tun auf. Nichts kann sie stören, nichts von ihrem Tun abbringen. Sie sind in einem Zustand totaler Selbstvergessenheit.

Freizeit

Die Freizeit mit ihren Möglichkeiten zu ganz verschiedenen, selbstbestimmten Beschäftigungen bietet weitere Glücksquellen. In einer repräsentativen Befragung von 1000 Deutschen, die vom Münchner Polis-Institut im Auftrag des Magazins *Fokus* durchgeführt wurde, stand »Urlaub machen« an dritter Stelle der Rangliste, nach dem Zusammensein mit den eigenen Kindern und Zusammensein mit Ehe- oder Lebenspartner. Von 55 Prozent aller befragten Deutschen wurde Urlaub als Glücksbringer benannt.[15] Diese Umfrage liegt zwar schon einige Jahre zurück, doch dürfte dem Urlaub auch heute eine sehr große Bedeutung zukommen. Es ist eine geeignete Zeit für sinnliche Wahrnehmung und Lustempfindungen, und gerade das ist neben guten menschlichen Beziehungen und dem Erleben von schöpferischer Kraft ein dritter, zentraler Faktor des Glückserlebens.

Genuss mit allen Sinnen vermittelt unmittelbare Glücksimpulse, und gerade die Andersartigkeit der Urlaubszeit bietet dafür gute Gelegenheiten. Schon die Vorfreude auf den Urlaub stimuliert Glückgefühle. Im Urlaub selbst wird dann den Sinnen viel geboten; die schöne Landschaft, die vielen Gerüche, die neuen Urlaubsklänge, das gute Essen, interessante Menschen, Zeiten der Muße und Entspannung und begeisternde Freizeitaktivitäten aller Art stimulieren Freude und Lustempfinden bis hin zu höchstem Glück.

Nicht nur in Urlaubszeiten, auch in der normalen Freizeit gibt es viele Quellen des Glücks. Mit ihren Möglichkeiten zu angenehmen Beschäftigungen unterschiedlichster Art bietet die Freizeit ein gutes Gegengewicht zum Stress des beruflichen Alltags und den täglichen Anforderungen der Haushalts- und Familienorganisation. Welcher Freizeitbeschäftigung man nachgeht, ist unwesentlich, soweit es den eigenen Wünschen und Interessen entspricht. Meist steht jedoch das Spielerische und das Gesellige im Vordergrund. Ganz gleich, ob es um Kartenspiele, Schach oder sonstige

Brettspiele geht oder um bewegungsintensive Spiele im Freien wie Volleyball, Tennis oder Federball – die Möglichkeiten, sich zu betätigen, lassen hier viel persönlichen Spielraum. Frei und ungezwungen kann man den eigenen Neigungen nachgehen.

Im Kontrast zur Arbeit geht es zumeist auch nicht um bestimmte Ziele, die dringend und innerhalb eines festgelegten zeitlichen Rahmens erreicht werden müssen. Da Freizeitbeschäftigungen oft zusammen mit anderen Menschen stattfinden, erlebt man durch das gesellige Miteinander viel Spaß, und es gibt reichlich Anlass zu gemeinsamem Lachen. Dies sind ideale Impulse für das Erleben von Glücksmomenten.

Je nach Neigung kann es auch um kreative, konstruktive oder musische Freizeitbeschäftigungen gehen, in denen man seine besonderen Fähigkeiten entfalten kann. Auch hier ist die Palette der Möglichkeiten groß. Ob es um Malen oder bildhauerische Betätigung geht, ob gebastelt, gestickt oder gestrickt wird, ob Regale gebaut oder Möbel renoviert werden – es geht darum, etwas zu erschaffen, das den eigenen Vorstellungen entspricht und auf das man in der Regel stolz ist. Tätigkeiten dieser Art erleichtern nicht nur das Abschalten vom Beruf. Vielmehr bereichern sie das eigene Leben und machen es glücklich.

Naturerleben

Auch das Naturerleben führt zu Glücksimpulsen, wie dies zum Beispiel die 59-jährige Lehrerin beschrieben hat. Sei es beim Spazierengehen oder Wandern, bei der Gartenarbeit, beim Besuch eines Tierparks oder eines Botanischen Gartens, das Naturerleben geht immer mit Sinneserlebnissen einher. Dabei hängt es vom Einzelnen ab, ob das Glückserleben dabei eher von Transzendenz geprägt ist, wie dies die ehemalige Lehrerin beschrieb, die sich beim Blick in die Landschaft als Teil der Welt, als Teil eines größeren Ganzen erlebt, oder ob das beeindruckende Neue, die Natur in ihrer Großartigkeit und die vielfältigen Eindrücke des Sehens, Hörens, Riechens, Schmeckens und Spürens dabei den Impuls für Glückserleben geben.

Sport und Bewegung

Von dem fünften Impulsgeber des Glücks war bei der 20-jährigen Verkäuferin die Rede. Sie benannte sportliche Aktivitäten als Quellen ihres Glücks, wobei es bei ihr vor allem um Tanzen und Radfahren ging. Generell sind Sport und Bewegung beliebte Kontrastaktivitäten zur Arbeit und zum raschen Stressabbau sehr geeignet. Zudem kurbelt Sport die biochemischen Botenstoffe an, die unweigerlich mit Glücksgefühlen einhergehen. Ganz gleich, ob es um Joggen, Walken, Tennis, Radfahren, Rudern, Schwimmen, Gymnastik oder ganz andere Formen von Sport geht – jegliche Bewegung fordert heraus, sie verlangt eine gute Körperkoordination und rasche Reaktionsfähigkeit. Vitalisierende Körpergefühle entstehen und nachlassende Anspannung wird spürbar. Dies sind besondere Aspekte körperlichen Wohlbehagens, die Glückscharakter haben können. Oft spielen bei Sport auch rhythmische Abläufe eine wesentliche Rolle, wie dies beim Radfahren der Fall ist.

Auch jede andere Form der Bewegung erzielt körperliche Wohlgefühle, die bis ins Glücksartige gesteigert sein können. Das Beispiel einer jungen Frau aus unseren Studien zum körperlichen Wohlbefinden verdeutlicht dies sehr schön. Sie beschrieb eine Situation beim Schlittschuhlaufen:

»Zusammen mit Freunden. Fühle mich ausgeglichen, verspüre körperliche Leichtigkeit, Gefühl der eigenständigen Schnelligkeit, ein gewisses Schweben, bin sehr beschwingt. Durch das gesellige Miteinander ein Gefühl von Glück und Lebensfreude.«

Bewegungserleben, Schnelligkeit und Körperkoordination, aber auch soziale Komponenten tragen hier zum Glück bei.

Muße und Entspannung

Muße, Entspannung, kontemplative Momente bilden eine weitere Gruppe von Impulsgebern des Glücks. Manche Menschen brauchen den Rückzug auf sich selbst ganz dringend, um glücklich sein zu können. Dieser Rückzug kann durch unterschiedliche Entspannungstechniken, Achtsamkeitsübungen, Meditation oder konzentrative Übungen wie Yoga, Tai Chi oder Qi-Gong unterstützt werden. Manchen Menschen genügt aber auch bereits eine ruhige Selbstbeschäftigung in Muße und Ungestörtheit;

da kann man ganz entspannt nichts tun, einfach nur aus dem Fenster schauen, vielleicht auch ein Nachmittagsschläfchen machen. Man kommt zu innerer Ruhe und spürt sich selbst wieder besser. Man kann Zeiten der Muße aber auch hochkonzentriert verbringen, beispielsweise ein Buch lesen oder Musik hören und ganz absorbiert davon sein. Es kann dabei ein Wohlgefühl entstehen, bei dem man sich ganz eins mit der Welt fühlt. Manche Menschen erleben vor allem durch diesen tranceartigen Zustand tiefe innere Ruhe und ganz besondere Glücksgefühle.

Kulturelle Anregungen

Auch kulturelle Aktivitäten zählen zu den Impulsgebern des Glücks. Theaterbesuche, Musikveranstaltungen, Kinobesuche, die Teilnahme an Vorträgen, der Besuch von Museen oder Ausstellungen – vieles ist hier möglich. Indem sie intellektuelle Anregungen geben, die zumeist auch mit Geselligkeit verbunden sind, erschließen sich durch diese Aktivitäten wirkungsvolle Glücksquellen, die mit Neugierde, Vorfreude und unmittelbaren Empfindungen sinnlicher Wahrnehmung einhergehen. Es gibt Interessantes zu sehen, Anregendes zu hören, man wird zum Nachdenken und Mitdenken motiviert, man kann sich mit anderen Menschen über die eigenen Eindrücke austauschen und vielleicht überraschende oder beglückende Übereinstimmungen finden. Kulturglück kann auch beschwingende Wirkungen entfalten, wie das Beispiel einer jungen Frau aus unseren Studien zeigt:

»Ich sitze im Konzert, klassische Musik. Flöte – ein Instrument, das ich sehr gern höre. Plötzlich breiten sich die Schwingungen dieser Musik in meinem ganzen Körper aus. Ich lehne mich zurück und spüre ganz intensiv die Klänge. Vollkommene Entspannung breitet sich in mir aus. Ich fühle mich innerlich ganz weich und mir ist so zumute, als könnte ich die Welt umarmen.«

Konsumgenuss

Konsumgenuss ist eine – für ausreichend verdienende Menschen – leicht zu erschließende Glücksquelle. Allerdings wird diese Art des Glücks zu den wenig nachhaltigen gerechnet. Zweifellos kann Shoppen einen Menschen glücklich stimmen. Sich schick einzukleiden, ein neues Parfüm oder Rasierwasser zu kaufen oder der Kauf des schon lange gewünschten Fotoapparates, des Notebooks, des neuen Flachbildfernsehers oder auch ganz anderer Konsumgüter kann etwas sein, das dem eigenen Selbstwert schmeichelt und damit glücklich stimmt. Man leistet sich etwas, das andere nicht haben. Man »ist es sich wert«, wie es in einem Werbespruch heißt. Oder man ist einfach stolz darauf, dass man etwas Bestimmtes besitzt. Doch das Glück des Kaufrauschs verblasst meist rasch.

Fernseh- und Medienkonsum

Als Letztes soll der Fernseh- und Medienkonsum betrachtet werden. Gibt das Fernsehen wesentliche Glücksimpulse, oder ist es eher eine umstrittene Quelle des Glücks? Grundsätzlich bietet das Fernsehen leicht zugängliche Parallelwelten und Glücksnischen an, in die sich Menschen hineinbegeben, wenn sie dem Druck des Alltags entfliehen möchten. Ähnlich gilt dies auch für andere Medien wie zum Beispiel Computerspiele. Hier können Menschen in eine andere Welt eintauchen, sich und ihren Alltag vergessen und ein angenehmeres Lebensgefühl auskosten.

Fassen wir abschließend die neun wichtigsten Impulsgeber des Glücks, aus denen ganz unterschiedlich akzentuierte Glücksgefühle resultieren können, noch einmal zusammen. Es gibt das Glück der Partnerschaft und anderer naher Beziehungen, das Glück der Arbeit, das Glück des Urlaubs und der Freizeit, das Glück des Naturerlebens, das Glück von Sport und Bewegung, das Glück der Muße und Entspannung, das Glück des kulturellen Erlebens und das Glück des Konsumgenusses. Dass Fernsehen unser Glück stimuliert, ist hingegen umstritten.

Besondere Impulsgeber für Kinderglück

Auch für Kinder und Jugendliche gilt, dass soziale Beziehungen für das Glück an erster Stelle stehen. Die Familie ist primäre Quelle ihres Glücks. Hier können sie Liebe spüren, es wird miteinander gelacht, es gibt gemeinsame Unternehmungen, es wird gebastelt und gespielt, und wenn das Aktivitätsspektrum dabei ausreichend groß ist, dann steht nach der Repräsentativbefragung des ZDF aus dem Jahr 2007 dem Kinderglück nichts mehr im Wege.[16]

Der tägliche Kontakt mit Freunden ist für Kinder eine weitere, unerlässliche Glücksquelle, insbesondere wenn dies mit vielen Spielen und Aktivitäten im Freien verbunden ist, bei denen sie toben, rennen, Fahrrad fahren oder skaten können. Für Jungen gilt dies noch ein wenig mehr als für Mädchen.

Auch der Umgang mit Tieren ist für das Kinderglück sehr wesentlich, und dies gilt vor allem für Mädchen. Tiere bieten verlässlichen und vertrauten Kontakt und vermitteln Wärme und Nähe, was als glücksbringend erlebt wird.

Was ist das Besondere am Kinderglück? Was verbinden Kinder selbst mit Glück? Es mag überraschen, dass für jüngere Kinder vor allem ausschlaggebend ist – und dies gilt sowohl für Mädchen als auch für Jungen –, dass sie ihre eigene Kompetenz und Selbstständigkeit erfahren können. Darüber hinaus geht es ihnen auch darum, dass sie die Zugehörigkeit zu einer Gruppe erleben können, was vor allem für Jungen eine hohe Glücksqualität hat, und dass sie unbedingte Zuwendung und Nähe erfahren können, was besonders für Mädchen wichtig ist. Auch Spaß und Spiel, das Spüren von Bewegung und Geschwindigkeit, Naturerleben sowie die Befriedigung von Neugier sind Bestandteile des Kinderglücks. Eine Rolle spielt im Übrigen, dass sie bewundert werden und Lob und Anerkennung erfahren. Und schließlich wird auch nachlassende Anspannung von Kindern als eine Form von Glück erlebt.

Bei 12- bis 16-Jährigen ist eine Einengung der Glücksquellen festzustellen. In den Mittelpunkt tritt bei ihnen das Glück durch eine Partnerschaft und durch Freunde. Im Ganzen betrachtet, lässt sich ihr Glückserleben mit vier Faktoren beschreiben: Sie möchten Stärke und Mut in Aktivitäten beweisen, Aufmerksamkeit erfahren und waches Interesse spüren, Freude und Begeisterung erleben und auch Entspannung, Sicherheit und Ruhe genießen. Vor allem aber Freude und Begeisterung ist für ältere Kinder ebenso wie für Erwachsene der Kern ihres Glückserlebens.[17]

Dass Sportvereine für Kinder und Jugendliche als bedeutsame Glücksbringer anzusehen sind, bedarf vielleicht einer näheren Erklärung. Ulrich Klar, Referent für Sucht- und Drogenprävention, lieferte dazu kürzlich auf dem ZDF-Glückskongress eine Reihe von guten Argumenten, die er am Beispiel des Fußballs ausführte.[18] Doch seine Argumente gelten auch für andere Vereinssportarten: Im Sportverein finden Kinder Gleichgesinnte, die ihre Leidenschaft für die Bewegung teilen, zugleich aber auch Freunde und Vorbilder, die ihnen eine Orientierung geben. Sie haben stets das gute Gefühl, wichtig zu sein, gebraucht zu werden und dazuzugehören. Beim Fußball geht es nicht nur um lustvollen Zeitvertreib. Es geht auch um Kooperation, den Erwerb wichtiger kommunikativer Fähigkeiten und um soziale Entwicklung im weitesten Sinne. Dies sind zentrale Grundlagen für ein gelingendes Leben und künftiges Glück. Fußball hat zudem eine integrative Funktion, denn seine Sprache ist international. Die Spielregeln sind überall identisch und bekannt. Kinder können beim Fußballspielen lernen, dass es keine Rolle spielt, woher sie kommen, sondern dass es allein um ihren Einsatz, ihren Teamgeist und das Spielerlebnis geht. Fußballspielen weckt Begeisterung und das intensive Leben und Erleben beim Spiel macht Kinder glücklich – und ganz offensichtlich nicht nur Kinder.

Neben Sport und Bewegung spielt für Kinder und Jugendliche in starkem Maße die Beschäftigung mit Medien eine Rolle. Fernsehen, Spielkonsolen, PC und Internet gehören bei den 6- bis 13-Jährigen unbedingt zur Freizeitgestaltung dazu. Mit diesen Medien wird ausgesprochen viel Zeit verbracht, allerdings ohne dass sich dies glückbringend auswirkt. Das Gegenteil ist vielmehr der Fall, wie die Ergebnisse der Repräsentativbefragung des ZDF zeigten: Die Beschäftigung mit dem PC und der Spielkonsole reduzierte das Glück von Kindern sogar.

Warum geht es in diesem Abschnitt ganz spezifisch um Kinderglück? Kinderglück ist noch etwas sehr Ursprüngliches, Unkontrolliertes, Selbstverständliches. Deutlich sichtbar und völlig uneingeschränkt bringen Kinder ihre Freude und Ausgelassenheit zum Ausdruck. Kinder kennen keine Scheu. Sie befürchten nicht, ihr Glück könnte ihnen in irgendeiner Weise missgönnt sein. Wir erwerben diese Fähigkeit, uns uneingeschränkt zu freuen und Glück zu erleben, also bereits früh im Leben. Es ist eine unserer wichtigsten Ressourcen, die wir bereits als Säuglinge durch unser Lächeln zum Ausdruck bringen und normalerweise durch ein freudiges Zurücklächeln von Mutter, Vater und anderen Menschen unserer Umgebung bestätigt bekommen. Mit unserer Freude, die auch bei anderen Menschen Freude auslöst, festigen wir die Bindung zu unseren Bezugspersonen. Im ersten halben Jahr unseres Lebens haben wir bereits mit rund 30 000 Lächelreaktionen auf unsere Mitmenschen geantwortet, wie Emotionsforscher herausfanden. Damit haben wir unsere Chance vergrößert, von anderen freudig wahrgenommen und liebevoll angenommen zu werden.

Die meisten Kinder erfahren die für sie notwendige Zuwendung und Fürsorge in ausreichendem Maße und haben Menschen um sich herum, die sich mit ihnen mitfreuen und ihr Kinderglück einfühlsam bestätigen und unterstützen. Ihre Fähigkeit zum Erleben von Freude und Glück wird auf gute Weise gefördert und ist als grundlegende Ressource auch im späteren Leben unauslöschlich verfügbar. Manche Kinder erleben eine solche glückliche Kindheit aber nur in sehr eingeschränktem Maße. Niemand freut sich so recht mit ihnen oder sie leben in schwierigen Verhältnissen, in denen es wenig Anlässe für Freude und Glück gibt oder in denen gar traumatisierende Bedingungen herrschen, die ihnen Freude und Glück direkt verwehren. In solchen Verhältnissen lernen Kinder oftmals vor allem, wie sie Unglück abwehren können. Sie bilden dabei zwar lebenswichtige Ressourcen aus, die sie stabilisieren, am Leben erhalten und gut in ihrem Leben voranbringen können. Aber was Glück ist und für sie sein könnte, müssen sie sich sehr mühsam unter Aufbringung all ihrer Kräfte erarbeiten. Wenn man diese Menschen später im Leben nach ihrem Kinderglück fragt, können sie meist nur sehr eingeschränkt Glücksmomente schildern.

In einer Psychotherapie ist es manchmal notwendig, die Lebensfreude durch Erinnerungen an das eigene Kinderglück wiederzubeleben. Das gelingt meist auch erstaunlich gut, weil die meisten Menschen sich gern an Dinge erinnern, die ihnen als Kinder Spaß bereitet haben. Als ich dies bei einem meiner Patienten versuchte, fiel ihm zunächst nichts ein, was ihm als Kind Freude bereitet hatte. Es handelte sich um einen Menschen, der eine sehr schwierige Kindheit und Jugend erlebt hatte. Sein Vater war schwer alkoholkrank, schimpfte viel, prügelte ihn immer wieder und war für ihn völlig unberechenbar. Konnte es unter solchen Bedingungen überhaupt Kinderglück für ihn geben? Er überlegte sehr lange. Dann hellte sich sein Gesicht auf. Seine Fußballschuhe waren ihm eingefallen. Ganz erleichtert sagte er nun, er sei »heilfroh«, dass es in seiner Kindheit doch auch etwas Positives gegeben habe. Diese Schuhe waren die Quelle seines Kinderglücks. Denn die hatte er immer angezogen, wenn er es zu Hause nicht mehr aushielt. Er war davongerannt, quer durch den Wald, und gelaufen, bis er einen mühelosen Laufrhythmus gefunden hatte, der ihn beruhigte. Danach ging er immer zu einem Freund, bei dem er sich sicher und geborgen fühlte. Seine Fußballschuhe waren für ihn das Symbol seines Kinderglücks, eines Glücks, das er als eine Form von Kontrolle, Eigenständigkeit und nachlassender Anspannung beschrieb. Es war ein angenehmer Zustand gewesen, an den er sich nun auch wieder gut erinnern konnte.

Eine Besinnung auf das eigene Kinderglück kann uns dann gelingen, wenn wir uns ausreichend damit beschäftigen. Eine solche Rückerinnerung ist immer stimmungsverbessernd und wird als bereichernd erlebt. Mit der folgenden kleinen Übung können Sie diese Wirkung ausprobieren.[19]

Übung: Die Freuden der Kindheit entdecken und gut aufbewahren

Nehmen Sie eine ganz bequeme Sitzposition ein und atmen Sie einige Male tief ein und aus. Konzentrieren Sie sich dann auf Ihre Kindheit, auf den Ort, an dem Sie als Kind gelebt haben, und auf die Menschen, die Ihnen nahe standen. Und nun stellen Sie sich zuerst die Person vor, mit der sie am liebsten zusammen waren. Sie können Ihren Gedanken ganz freien Lauf lassen und können sich nun an die Plätze begeben, an denen Sie als Kind am liebsten waren und sich sehr wohl gefühlt haben.

Und während Sie sich dies vorstellen, können Sie sich nun, ganz entspannt, immer besser an all das erinnern, womit Sie sich dort am liebsten beschäftigt haben. Und vielleicht können Sie sich auch an Ihr Lieblingsspielzeug erinnern. Womit haben Sie gespielt? Was haben Sie am liebsten gespielt? Waren Sie dann allein oder mit anderen zusammen? Womit haben Sie sich am liebsten beschäftigt? Und was hat Ihnen dabei Freude gemacht? Was hat Ihnen am besten gefallen?

Und können Sie sich erinnern, ob es jemanden gab, der mit Ihnen zusammen war und sich mit Ihnen gefreut hat? Vielleicht waren es Ihre Freunde, vielleicht Ihre Geschwister, Ihre Großeltern, Ihre Eltern oder Nachbarn oder auch ganz andere Menschen.

Und während Sie Ihren Erinnerungen noch ein wenig nachgehen, können Sie sich immer besser daran erinnern, wann und worüber Sie sich als Kind besonders gefreut haben. Vielleicht haben Sie Erinnerungen an schöne Kindergeburtstage, oder Sie haben vor

Augen, wie Sie als Kind Weihnachten gefeiert haben und worüber Sie sich am meisten freuen konnten.

Lassen Sie sich ruhig Zeit, während Sie in Gedanken an die Orte Ihrer Kindheit zurückgehen und dort nach dem Glück Ausschau halten, das Sie erlebt haben. Sie können auch einfach nur danach schauen, was Sie gern hatten, wo Sie gern waren und mit wem Sie gern zusammen waren.

Und wenn Sie einen guten Eindruck davon haben, was in Ihrer Kindheit für Sie schön oder angenehm oder beruhigend war, dann packen Sie nun all das, was für Sie erfreulich und schön war, zusammen. Wählen Sie sich ein geeignetes Behältnis, in das Sie all das, was Sie sich bewahren möchten, hineintun können. Es kann eine Schachtel sein, die Sie fest verschließen können, sodass nichts daraus wegkommen kann. Es kann auch ein Korb sein, in dem Sie alles gut sichtbar für sich aufbewahren können. Es kann aber auch etwas anderes sein.

Bewahren Sie nun dort in Gedanken all das auf, was Sie Schönes aus Ihrer Kindheit mitnehmen können. Geschwister, Großeltern, Eltern oder Freunde können Sie auch in symbolischer Form mitnehmen, indem Sie zum Beispiel ein Foto von ihnen in Ihr Behältnis legen. Wenn es Ihr Lieblingsspiel war, mit Freunden im Wald eine Baumhütte zu bauen, können Sie auch davon in Gedanken ein Foto anfertigen und es dazulegen. Und sie können Ihr Spielzeug, Ihre Lieblingskleidung, Ihre Lieblingsbücher, Ihre Lieblingsmusik oder auch den besonderen Geruch Ihrer Kindheit und Ihr Lieblingsessen einpacken. Sammeln Sie alles, was Ihnen viel bedeutet hat und woran Sie als Kind Freude hatten.

Wenn Sie dann in Gedanken alles, was Sie Schönes und Erfreuliches aus Ihrer Kindheit mitnehmen möchten, gut verpackt haben, überlegen Sie, wo Sie Ihre Schätze aufbewahren möchten. Vielleicht soll alles ganz sicher verschlossen aufbewahrt werden, vielleicht möchten Sie es aber auch immer gut sichtbar bei sich haben oder einiges leicht erreichen können. Sie sollten Ihre Kindheitsschätze und Ihre Kindheitsfreuden so für sich aufheben, wie Sie selbst es am besten finden. Und immer dann, wenn Sie den Wunsch haben, können Sie sich das, was Ihnen gut getan hat, in Gedanken wieder herausholen und sich immer wieder neu über Ihre Schätze freuen.

Beenden Sie nun langsam Ihre Rückerinnerung, und dann können Sie Ihr Buch wieder zur Hand nehmen und weiterlesen.

Manchmal kann man seine schönen Kindheitserinnerungen nicht auf Anhieb aktivieren. Aber mit der Zeit wird das eine oder andere auch später noch ins Gedächtnis zu rufen sein. Oftmals ist es auch ganz hilfreich, wenn man als Erinnerungsstütze alte Fotoalben zur Hand nimmt und schaut, auf welchen Bildern man als fröhliches Kind zu sehen ist.

Es kann auch hilfreich sein, wenn man sich seine persönlichen Kindheitsschätze ganz konkret vor Augen führt und sie dann für einige Zeit tatsächlich greifbar bei sich hat: äußerlich sichtbar – als Bild oder als Gegenstand – im täglichen Blickfeld. Man verschafft sich damit ganz beiläufig immer wieder eine kleine Freude. Wenn es sich bei den persönlichen Dingen um etwas handelt, das man sich unter schwierigen Lebensumständen selbst erarbeitet oder erworben hat, dann ist das ein besonders wertvoller Schatz. Ihm gebührt ein Ehrenplatz im eigenen Herzen.

Wann kommt ein Glücksimpuls zustande?

Ob der Zündfunke tatsächlich überspringt und ein spürbarer Glücksimpuls zustande kommt, hängt auch von unserem Temperament ab. Dabei geht es um angeborene Merkmale der Persönlichkeit, die bestimmte Erlebens- und Verhaltenstendenzen begünstigen. Menschen mit einer extravertierten Persönlichkeit neigen zum Beispiel dazu, dem Leben aufgeschlossen und offen entgegenzutreten. Kommen dann noch Persönlichkeitszüge wie Offenheit für Erfahrungen, Geselligkeit und Optimismus mit hinzu, ergänzen sich diese Wesenszüge zu einem Bild, das eher einer »Frohnatur« entspricht. Und Frohnaturen, das ist gut belegt, können ihre Chancen zum Glück besser nutzen als sogenannte »Miesepeter«, die der Welt eher introvertiert, ungesellig und pessimistisch begegnen. Wer in diese letzte Kategorie fällt, hat es schwerer, glücklich zu sein.

Auch von der persönlichen Bedürfnislage hängt es ab, ob Glücksimpulse die gewünschte Wirkung haben. Kommt der jeweilige Impuls den eigenen Bedürfnissen entgegen, dann wird Wohlbefinden oder vielleicht sogar Glück erlebt. Kommt man beispielsweise gänzlich müde und abgearbeitet nach Hause, dann wird eine Situation, die Muße und Entspannung verspricht, die Anspannung des Tages am besten auflösen können und so zu einem glücklichen Aufatmen beitragen. Hat man dagegen allein zu Hause einen eher langweiligen Tag verbracht, dann wird man als Kontrast nach belebenden Anreizen suchen. Soziale Kontakte mit Partner, Familie oder Freunden, gesellige Freizeitaktivitäten, Sport und Bewegung oder auch kulturelle Anregungen bieten in diesem Fall geeignete Impulse, die das Wohlbefinden verbessern können und Glück verheißen. Hat man den ganzen Tag über eine eher monotone Tätigkeit ausgeübt, die ohne viel eigenes Mitdenken erledigt werden konnte, dann werden eher solche Impulse glücklich stimmen, die eine persönliche Herausforderung darstellen und kreatives Mitdenken verlangen.

Solch eine Herausforderung könnte zum Beispiel das Restaurieren eines alten Schrankes darstellen. Das verlangt Nachdenken, das kostet Anstrengung. Es kann sehr gut gelingen oder auch weniger gut, je nachdem wie handwerklich geschickt, kreativ oder beharrlich man ist. Sieht das restaurierte Stück am Ende so aus, wie man es sich gewünscht hat, wird man stolz und glücklich darüber sein.

Besonders glücklich sind vor allem jene Menschen, die für ihre Leistung einen geeigneten Vergleich wählen. Ein Fachmann hätte das Möbelstück vielleicht noch etwas besser instand setzen können, aber muss man sich mit einem Fachmann vergleichen, wenn man sein Hobby ausübt? Vergleicht man sich vielmehr mit anderen Hobbyhandwerkern oder gar mit Menschen, die von sich behaupten, sie hätten zwei linke Hände und bekämen deshalb so etwas nie hin, dann wird man sich ganz zweifellos aufgewertet fühlen und glücklich sein, dass man selbst so geschickt ist.

Wer danach strebt, sich weiterzuentwickeln, und stets darum bemüht ist, seine Kenntnisse und Fähigkeiten zu erweitern, wird vor allem solche Impulse suchen, die *neue* Anreize bieten und die Neugier und Wissbegierde stillen. Dann entfalten sich Ideen, bekommen Visionen immer mehr Konturen und man spürt einen persönlichen Zugewinn, der tief befriedigt und die eigene Form des Glücks am besten stimuliert.

Die Zündfunken des Glücks springen über, wenn unser Temperament und unsere Bedürfnisse mit dem, was die Welt uns bietet, gut zusammenpassen. Ein eher introvertierter Mensch, der großen Festen mit all ihrem Trubel nicht viel abgewinnen kann, der aber bei all seiner Zurückhaltung dennoch ein Bedürfnis nach Nähe und Austausch verspürt, findet in vertrauter Zweisamkeit leichter die für ihn passenden Glücksimpulse. Voraussetzung ist allerdings die durchaus erlernbare soziale Fähigkeit, sich die nötigen Chancen für eine Kontaktaufnahme und eine Verabredung mit einer anderen Person zu schaffen und wahrzunehmen.

Zusammenfassend lässt sich sagen, dass es viele Quellen gibt, aus denen Menschen ihr Glück schöpfen können. Wir müssen diese Quellen aber vor allem in uns selbst sehen und immer wieder danach suchen. Je nach Persönlichkeit, Alter, körperlicher Gesundheit und gesellschaftlichen Rahmenbedingungen wird dies unterschiedlich leicht sein. Gelingt es gut, die eigenen Bedürfnisse auf die Möglichkeiten des eigenen Lebens abzustimmen, dann ist dies optimal für das eigene Glück.

Drei Wege zum Glück

Hauptweg, Nebenwege und manchmal auch Umwege

Lassen wir uns von einem berühmten Bild des Malers Paul Klee inspirieren, dessen Titel *Hauptweg und Nebenwege* lautet. Es hängt im Museum Ludwig, dem modernen Teil des Wallraf-Richartz-Museums in Köln, und beeindruckt durch seine hohe Suggestivkraft. Es zeigt ein fein gegliedertes System parallel verlaufender, zartfarbiger, überwiegend blau-oranger Bänder, die eine klare Richtung nach oben haben. Sie führen alle zum blau schattierten Horizont, allerdings mehr oder weniger geradlinig. Ein mittlerer Weg hebt sich von allen anderen deutlich ab. Er ist etwas breiter, gleichmäßiger, auch ein wenig heller als die etwas farbintensiveren Nebenwege, die links und rechts von ihm in gleicher Richtung gehen, aber unregelmäßiger verlaufen, sich teilweise sehr verengen, deutliche Ecken und Kanten aufweisen und manchmal auch im Nichts enden.

Nehmen wir dieses Bild als Anregung und gehen wir davon aus, dass wir unterschiedliche Wege zum Glück ins Auge fassen können. Vielleicht entscheiden wir uns für den zentralen Hauptweg zum Glück, der uns Schritt für Schritt unserem Ziel näher bringt. Was wir dabei zu unserem Hauptweg machen, wie wir ihn gehen und welche Nebenwege wir daneben in Betracht ziehen, ist eine Sache der persönlichen Entscheidung. Möglicherweise verläuft unser Weg zum Glück nicht immer geradeaus. Gelegentlich wird man vielleicht Umwege in Kauf nehmen müssen oder schmale Seitenpfade als Chance zum Weiterkommen nutzen. Und der kürzeste Weg zum Glück muss nicht unbedingt der beste sein. Ganz grundsätzlich gilt jedoch, dass wir unser Glück beeinflussen und zwar nachhaltig vergrößern können, wenn wir die richtigen Wege beschreiten. Das haben psychologische Studien eindeutig gezeigt und darin liegt eine große Hoffnung.

Der erste Weg, den wir näher betrachten wollen, ist der »sonnigste« Weg zum Glück. Er führt über ein vergnügliches Leben mit viel Spaß und Sinnesfreuden zum Glück des Wohlbefindens. Diese Form des Glücks ist jedoch flüchtig, wie wir schon festgestellt haben. Sie gibt unserem Leben angenehme positive Anregungen, gewährt aber immer nur ein vorübergehendes Glück von mehr oder weniger kurzer Dauer. Um neuerlich Glück erleben zu können, brauchen wir jeweils wieder neue Glücksimpulse.

Zwei andere Wege zum Glück, nämlich der eines engagierten Lebens und der eines sinnbestimmten Lebens, sind solche, bei denen es gelegentlich auch schattige Wegstrecken, Klippen und Engpässe geben kann, die es zu überwinden gilt. Doch stellen diese beiden Wege ein tief erfüllendes Glück in Aussicht. Die Chance für dieses intensive Lebensglück bietet sich allerdings jeweils nur zum Preis von persönlichen Anstrengungen.

Indem man den Weg eines engagierten Lebens wählt, kann man zum »Glück des guten Gelingens« gelangen, bei dem man sich selbst überzeugend verwirklicht. Es ist ein Weg, auf dem man sich für persönlich wichtige Ziele einsetzt und die eigenen Fähigkeiten voll ausschöpft. Hoch motiviert und gänzlich konzentriert befindet man sich auf diesem Weg immer wieder in einem Zustand, bei dem nur eines wichtig ist: gutes Gelingen! Wenn dies durch eigene Anstrengungen erfolgreich verwirklicht wird, empfindet der Mensch erfüllendes Glück.

Wenn man den Weg eines sinnbestimmten Lebens einschlägt, kann man das »Glück der eigenen Stärken« erleben, bei dem auch das Wohl unserer Mitmenschen eine Rolle spielt. Entfaltungsmöglichkeiten für die eigenen Stärken bieten sich zum Beispiel in Partnerschaft und Familie, bei der Arbeit, in der Gemeinde, in Bildungseinrichtungen, verschiedenen Vereinen, humanitären oder politischen Organisationen sowie in kirchlichen Einrichtungen. Indem wir unsere persönlichen Stärken in einer Weise leben, die nicht nur uns selbst, sondern auch unseren Mitmenschen und vielleicht dem größeren Ganzen der Welt zugute kommt, finden wir zu einem erfüllenden Lebensglück, das von einem tieferen Sinn geprägt ist.

Mit diesen drei verschiedenen Hauptwegen wollen wir uns nun näher befassen. Jeder von ihnen führt nachweislich zu Glück und Lebenszufriedenheit, wie neuere Forschungsergebnisse der führenden amerikanischen Glücksforscher um Christopher Peterson und Martin Seligman zeigen. Mit anderen Worten: Jeder dieser Wege kann unabhängig von den beiden anderen beschritten werden. Grundsätzlich sind aber auch zwei oder alle drei dieser Wege miteinander kombinierbar. Bei einer Internet-Befragung von über 800 Personen in den USA haben die Glücksforscher festgestellt, welches Ergebnis erzielt wird, wenn alle drei Wege kombiniert miteinander begangen werden.[20] Deutlich zeigte sich, dass sich eine Kombination der drei Wege sogar sehr empfiehlt. Wenn die eigene Lebensführung so gestaltet wird, dass möglichst alle drei Glücksmöglichkeiten (siehe Abbildung 2) berücksichtigt werden, dann resultiert daraus nachhaltiges Glück mit großer Lebenszufriedenheit.

Die Glücksforscher Peterson, Park und Seligman bezeichnen diese Form des Lebens auch als ein *gehaltvolles, erfülltes* Leben und grenzen es von einem *leeren, unerfüllten* Leben ab. Von einem erfüllten Lebens ist vor allem dann die Rede, wenn drei wichtige Dinge gegeben sind: Das Leben ist erstens von Freude und Genuss geprägt, und das war auch in der Vergangenheit der Fall; zweitens werden aktive Lebensformen gewählt, bei denen man das Beste aus den eigenen Fähigkeiten, Talenten und Stärken macht und das eigene Potenzial optimal zu entfalten versucht; und drittens werden Aktivitäten gesucht, die Sinn geben, mit Zielen, die über die eigene Person hinausgehen. Realisiert man all dies, dann spricht alles zunächst einmal dafür, dass man ein *aus*gefülltes Leben führt. Vergleicht man nun diese Menschen mit einem ausgefüllten

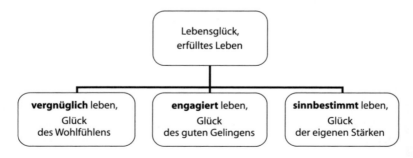

Abbildung 2: Drei Wege zum Lebensglück

Leben mit denjenigen, die eher ein unausgefülltes Leben führen, da sie die genannten drei Lebensaspekte nicht realisieren, dann kann man feststellen, dass beide Gruppen sich in ihrem Glück und ihrer Lebenszufriedenheit stark voneinander unterscheiden. Menschen, die ihr Leben mit Freude und Genuss leben und aktiv und bewusst gestalten, sind in deutlichem Maße glücklicher und zufriedener. Sie führen tatsächlich ein Leben, das sie als *erfüllender* empfinden als diejenigen, die dem Vergnüglichem im Leben nicht aufgeschlossen und genussfreudig begegnen können, sich weniger oder gar nicht um ihre Fähigkeiten, Talente und Stärken bemühen und dadurch auch weniger Befriedigung erfahren und weniger persönliche Bedeutung erlangen.

Es spricht also alles dafür, die drei Wege zum Lebensglück in geeigneter Weise miteinander zu verbinden. Man sollte jedoch bei der Realisierung durchaus wählerisch sein und stets in alle Richtungen prüfen. Je nach Hauptweg, den wir wählen, können wir mit einem unterschiedlichen Zugewinn rechnen. Im Grunde genommen gilt es, immer wieder aufs Neue danach zu suchen, was zur jeweiligen Zeit persönlich gut und richtig ist. Ganz ideal wäre es, wenn wir tatsächlich all jene Möglichkeiten für uns ausschöpfen könnten, von denen wir vermuten, dass sie unsere Lebensfreude steigern, unsere Zufriedenheit erhöhen und unseren Lebenssinn in positiver Weise prägen. Am besten wäre es also, wenn wir uns darum bemühten, engagiert und sinnbestimmt zu leben, und darüber nicht vergessen würden, auch immer wieder vergnügliche Lebensmomente zu genießen.

Vergnüglich leben

Die Freuden des Alltags

Ein Leben in Saus und Braus? Von einem Wohlfühlmoment zum nächsten? Wellness in Reinkultur? Nun, vergnüglich zu leben und sich von den Freuden des Alltags beglücken zu lassen bedeutet in der Regel nicht, dass es nicht auch Lebensuntiefen geben kann und geben wird. Und diese können durchaus über ein neutrales Stimmungsgrau hinausgehen. Gegen Schicksalsschläge sind wir nicht gefeit. Das vergnügliche Leben profitiert jedoch letztlich von allen Erlebenskontrasten. Und gerade Menschen mit schwerem Schicksal, die sich darum bemühen mussten, schwierige Lebenssituationen zu ertragen und zu bewältigen, gehen meist sehr bewusst und mit einer aufmerksamen Dankbarkeit mit den flüchtigen vergnüglichen Momenten des Glücks um.

Würde tatsächlich ein Vergnügen unmittelbar auf das andere folgen, dann wäre eine solche Steigerung der Genüsse nötig, dass das Ganze schließlich in eine süchtige Suche nach immer mehr und immer besseren Glücksmomenten ausarteten müsste. Jedes vergnügliche Glück braucht seine Zeit, in der es bewusst ausgekostet werden kann, und einen Alltag, der dann erst einmal wieder seinen normalen Lauf nimmt.

Wie viel Vergnügen das Leben bereithalten muss, damit man sich glücklich fühlen kann, lässt sich nicht allgemein beantworten. Das ist von Mensch zu Mensch verschieden. Mancher braucht viele vergnügliche Anregungen zu seinem Glück, ein anderer lebt asketischer und kommt mit weniger ausgelebtem Vergnügen genauso gut aus, ohne sich in seinem Glück beeinträchtigt zu sehen.

Wenn wir hier von vergnüglichem Glück sprechen, dann wird mit dieser Begriffswahl zugleich deutlich, dass wir Freude und Glück nicht als scharf abgegrenzte Zustände sehen. Beides sind eindeutig angenehme Gefühle. Doch beim *kleinen* Glück des Alltags, von dem hier vornehmlich die Rede ist, muss es nicht immer um einen höchst intensiven angenehmen Zustand gehen. Vielmehr geht es hier wirklich um all die kleinen Freuden und Annehmlichkeiten, die den Tag aufhellen, ihm einen Hauch von Glanz verleihen und ihn mit einer bunten Lichterkette schmücken. Da gibt es zum Beispiel das freundliche Lächeln, eine liebevolle Umarmung, das fröhlich gesungene Lied des Jüngsten, eine ermunternde SMS von Freund oder Freundin, das abendliche Kegeln mit Freunden und den prickelnden erotischen oder den erfüllenden sexuellen Kontakt. Oder, wenn wir nicht in der Kategorie der sozialen Annehmlichkeiten weiterdenken, sondern uns spezifischen Sinnesgenüssen zuwenden, dann könnte zum Beispiel auch der blühende Kirschbaum vor der Tür, der Rhythmus der Lieblingsmusik, der Duft von Kaffee, das angenehme Gefühl auf der Haut nach dem Saunabesuch, das Streicheln von Hund oder Katze oder das Gläschen Wein am Abend zum Vergnüglichen des Tages zählen.

Achtsamkeit und Genussfähigkeit

In jedem Alltag gibt es unzählige kleine Glücksmomente, angenehme Überraschungen und Vergnüglichkeiten – vorausgesetzt, wir sind bereit, dem gegenwärtigen Augenblick die nötige Aufmerksamkeit zu schenken. Drei Dinge sind wichtig, wenn wir das Angenehme im Alltag erspüren und einen unmittelbaren Genuss von all dem Schönen, Lustvollen, Herzerfreuenden und Kraftspendenden im täglichen Leben haben wollen.

Erstens, eine bewusste Achtsamkeit für sich selbst und die eigene Umwelt; zweitens, die Fähigkeit, Positives und Genussvolles überhaupt zu sehen und als solches wertzuschätzen, und drittens, die Fähigkeit, dieses Positive auch ausreichend auszukosten. Nicht allen Menschen gelingt dies auf Anhieb. Aber Glücklichsein und vor allem die Wahrnehmung des Beglückenden kann man erlernen. Möglicherweise sind aber zunächst einige Hindernisse zu überwinden, die sich im Laufe des Lebens aufgebaut haben.

Was ist mit Achtsamkeit genau gemeint? Es bedeutet, dass die eigene Aufmerksamkeit ganz absichtsvoll auf das bewusste Erleben des augenblicklichen Momentes gerichtet wird, ohne dabei irgendeine Bewertung zu vollziehen. Alles ist einfach erst einmal so, wie es ist. Es geht darum, mit allen Sinnen genau wahrzunehmen, was im Moment ist. Die Dinge genau zu betrachten ist eine erlernbare Fertigkeit, die eine andere Form von Aufmerksamkeit verlangt, als wir sie normalerweise in unserem Alltag an den Tag legen. Es geht hier um ein wirklich aufmerksames Erleben des gegenwärtigen Augenblicks, ohne dass wir mehrere Dinge gleichzeitig tun und ohne dass wir gleich Kategorien wie »angenehm« oder »unangenehm«, »erwünscht« oder »unerwünscht« zur Beurteilung des jeweils Erlebten heranziehen. Gerade diese nicht wertende Haltung bedarf einiger Übung, denn wir sind es eher gewohnt, den Dingen rasch eine Zensur zu geben und sie als »gut« oder »schlecht« zu befinden. Gelingt es uns dagegen, alles Geschehen mit einer solchen *achtsamen* Haltung aus der Beobachterperspektive wahrzunehmen, einfach so, wie es ist, ohne es sogleich zu bewerten, dann stellt sich allein schon dadurch eine wohltuende Gelassenheit und mehr Nachsicht mit sich selbst ein, wie psychologische Studien zeigen.[21]

Der Weg zum vergnüglichen Glück scheint ganz einfach zu sein. Es geht ja nur darum, sich Wohlbehagen zu verschaffen. Nur? Das klingt, als sei dies für jeden Menschen unschwer zu haben. Tatsächlich ist es aber keineswegs für jeden und jede so ganz leicht, die kleinen Freuden des Alltags überhaupt wahrzunehmen. Woran mag das liegen? Fehlt uns der Blick dafür? Mangelt es an der nötigen aufmerksamen Wahrnehmung dessen, was der Tag für uns bereithält? Fehlt die nötige Zeit dazu? Oder sind wir zu anspruchsvoll, uns auch vom kleinen Glück ansprechen zu lassen?

Ein Gedicht von Bertolt Brecht kann unsere – vielleicht eingeschränkten – Vorstellungen von den kleinen Vergnügungen erweitern:

Vergnügungen
Der erste Blick aus dem Fenster am Morgen
Das wiedergefundene alte Buch
Begeisterte Gesichter
Schnee, der Wechsel der Jahreszeiten
Die Zeitung
Der Hund
Die Dialektik
Duschen, Schwimmen
Alte Musik
Bequeme Schuhe
Begreifen
Neue Musik
Schreiben, Pflanzen

Reisen
Singen
Freundlich sein[22]

Wie sähe wohl unser eigenes Gedicht aus, wenn wir es jetzt über unsere Vergnügungen schreiben würden? Welche Dinge stimmen uns in angenehmer Weise in den Tag ein und welche begleiten uns in den nächsten Stunden bis zum Abend? Achten wir genügend darauf?

Es erscheint plausibel, dass Wohlbehagen und Glück sich aus angenehmen Sinneserlebnissen wie etwa denjenigen im Brecht-Gedicht ergeben können. Beiläufig kann dies geschehen, aber ganz unbemerkt darf es nicht bleiben. Die angenehmen Sinnesreize müssen schon bewusst von uns aufgenommen werden. Wenn wir nicht ausreichend registrieren, was zu sehen, hören, riechen, schmecken, tasten oder zu spüren ist, entgeht uns so manches Vergnügen. Und nur wenn wir dann auch sensibel die Gelegenheit nutzen, bewusst zu entscheiden, was für uns schön, angenehm, ästhetisch, belebend und berauschend ist, schaffen wir die nötige Voraussetzung dafür, angenehme Sinneserfahrungen auch richtig auskosten zu können.

Für angenehme Sinnesreize gibt es unendlich viele Beispiele. Aber nicht das Gleiche ist für jeden von uns angenehm und reizvoll. Da gilt es zu suchen, auszuprobieren und ruhig auch zu verwerfen. Es wäre gut, schon am frühen Morgen einmal anders als sonst hinzuschauen, was es alles zu *sehen* gibt und was als erfreulich und belebend wahrgenommen werden kann: zum Beispiel das schöne Urlaubsfoto an der Wand, der Blumenstrauß auf dem Tisch, die vorübersegelnden Schwalben beim Blick aus dem Fenster oder der Hund, der sich behaglich in der Sonne ausstreckt.

Oder man könnte damit experimentieren, einmal anders als sonst in den Tag hineinzu*hören*, und auf diese Weise interessante Melodien und Tagesgeräusche registrieren: zum Beispiel das Miauen der Katze, das Rauschen des Windes, das Klappern der Fensterläden oder den Klang der Glocken vom nahen Kirchturm.

Man kann sich auch vornehmen, den *Wohlgeschmack des Tages* ausfindig zu machen oder den *Geruch des Tages* zu erschnuppern. Und man kann seine Aufmerksamkeit auf all das lenken, was den Tag *tast- und spürbar* werden lässt.

Schauen wir also künftig genauer oder anders hin, hören wir besser oder anders zu, erschnuppern wir neue Gerüche, schmecken wir einem neuen Geschmack nach und erspüren wir genau oder in anderer Weise, was uns berührt hat oder was wir berührt haben. Am besten beginnt man damit, indem man täglich nur einen einzigen Sinnesreiz besonders beachtet. Am nächsten Tag ist dann ein anderer dran. Bis zum Ende der Woche sind dann Sehen, Hören, Schmecken, Riechen und Tasten/Spüren jeweils einmal im Fokus der Aufmerksamkeit gewesen. Welche reizvollen und vergnüglichen Erfahrungen können am Ende eines Tages dabei schließlich herausgefiltert werden? Welche Liste der vergnüglichen Highlights des Tages schreibt sich dann in unserem Kopf fest?

Warum sollte man sich überhaupt mit solchen Experimenten und Beobachtungen befassen? Nun, vergnügliches Glück ist kurzlebig, das wurde schon mehrfach betont. Achtsame Aufnahmebereitschaft und eine abwechslungsreiche Anregung sind nötig, um die belebende Wirkung von diesen kleinen Glücksreizen erneut spüren zu können. Ein möglichst großes Repertoire an angenehmen Sinnesreizen ist dabei notwendig und hilfreich.

Vergnügliches Glück hängt immer unmittelbar von solchen täglichen Erfahrungen ab, die von Gefühlen wie Freude, Überraschung, Interesse oder Neugierde begleitet sind. Forschungsprojekte von Ed Diener konnten zeigen, dass es dabei nicht so sehr darum geht, eine Balance zwischen positiven und negativen Gefühlen herzustellen, wie dies ursprünglich einmal in der psychologischen Glücksforschung angenommen wurde, sondern dass vor allem die positiven Erfahrungen für das Glückserleben ausschlaggebend sind. Und zwar zählt erstaunlicherweise nicht deren Intensität, sondern es kommt vielmehr darauf an, wie *häufig* solche positiven Momente auftreten.[23]

Bei den soeben angeregten kleinen Wahrnehmungsübungen, die wir in unseren Alltag einstreuen können, ist entscheidend, dass wir die Aufmerksamkeit schließlich immer auch ganz bewusst auf das lenken, was wir als angenehm erleben. Wir können uns auf diese Weise ganz grundsätzlich darin üben, immer auch *angenehme* Sinnesreize in unserem Alltag zu entdecken und zwar täglich, besser wäre noch stündlich. Wichtig ist dann auch, dass wir sie nicht nur entdecken und zum nächsten Eindruck übergehen, sondern noch einen Moment lang innehalten, um zu staunen und das neu Entdeckte ganz bewusst in uns aufzunehmen. Wenn das mit einem innerlichen »Aah, schön!« oder Ausrufen der Begeisterung verbunden ist oder auch mit einem stillen Lächeln einhergeht, dann müssen es ganz gewiss kleine Glücksmomente gewesen sein, die unser Herz berührt haben. Ansonsten hätten wir sie kaum mit solch lobenden Worten oder solch positiven Selbstgesprächen kommentiert und so erfreut darauf reagiert.

Eine genussfeindliche Lerngeschichte

Manchen Menschen fällt das Genießen und Auskosten ausgesprochen schwer, zumal dann, wenn es nur um kleine Annehmlichkeiten geht. Mit einem »Das ist doch nichts Besonderes« werden sie leicht vom Tisch gefegt oder bleiben gänzlich unbeachtet. Das Leben dieser eher genussfeindlichen Menschen ist zu sehr von Einstellungen und Ansprüchen geprägt, die sich hinderlich auf ihr Erleben von Glück und Zufriedenheit auswirken.

Prägende Leitsätze, die ihnen im Laufe ihres Lebens vermittelt wurden, stehen ihnen im Wege und lassen ein unmittelbares Genießen nicht zu. Strikt gilt für diese Menschen beispielsweise die Regel »Erst die Arbeit, dann das Vergnügen« oder »Ohne Fleiß kein Preis« oder auch »Zuviel des Guten ist ungesund« und es gibt auch die wortlosen Befehle in Form von verachtenden Blicken, die man noch immer auf sich gerichtet spürt: »So etwa tut man doch nicht!« Mit diesen oder ähnlichen genussfeindlichen Regeln kann eine positive Lebensführung zwar durchaus auch gelingen, aber sie ist stets von hohen Anforderungen geprägt und wird eher als eine fortwährende Lebensanstrengung erfahren.

Man kann allerdings gut lernen, die Alltagstauglichkeit von Sollens-Leitsätzen und Müssens-Regeln, die man im Laufe seines Lebens erworben hat und nun mit sich herumschleppt, zu überprüfen. Wenn sie nicht mehr zur aktuellen Lebenssituation passen, sind sie überflüssig geworden. Wir können uns von ihnen trennen. Voraussetzung dafür ist, dass wir bereit sind und uns darin üben, unser Leben aus einem neuen, *eigenen* Blickwinkel zu betrachten, der unseren aktuellen Bedürfnissen besser entspricht. Überkommene Leitsätze, die früher vielleicht durchaus hilfreich waren, können dann ohne Weiteres über Bord geworfen und durch solche ersetzt werden, die unser derzeitiges Glück begünstigen.

Für manche Menschen zählt das Glück der kleinen Dinge nicht viel.

Denn ihr Anspruch ist von überhöhten Idealen geprägt. Sie setzen sich so hohe Ziele, dass es beispielsweise erst ein *ganzer* geglückter Tag sein muss, ein unvergleichlicher, ein einzigartiger. Erst solch ein Tag zählt für sie als ein glücklicher Tag. Der Schriftsteller Peter Handke hat sich mit diesem Problem in seiner Abhandlung über den *geglückten Tag* beschäftigt. Dort heißt es: »Damit ein Tag für dich geglückt heißen kann, scheint demnach jeder Augenblick vom Erwachen an bis zum Einschlafen zu zählen, und zwar so, dass er jeweils eine bestandene Prüfung (Gefahr) darstellt.«[24] Wann erlebt man schon solch einen idealen, vollkommenen Tag? Wenn Menschen sich einen solch hohen Standard setzen, wird ihnen vieles entgehen, was sie durchaus als beglückend erleben könnten. Und muss es wirklich so sein, dass der Weg zum Glück nur über Prüfungen und Gefahren zu erreichen ist? Muss tatsächlich ein *schwerer* Tag vorausgegangen sein, damit man glücklich sein darf? Im Kontrast zu einem vorausgegangenen harten Tag können wir natürlich das Glück des nächsten Tages umso mehr wertschätzen und würdigen. Aber es muss nicht notwendigerweise einen harten Tag geben, damit wir glücklich sein können.

Mit einem guten Start in den Tag gehen

Für manche Menschen ist bereits die Einstimmung in den Tag, der Moment des Erwachens und die erste Empfindung ein *geglückter* Augenblick, der dem Rest des Tages Flügel verleiht. Der Tag beginnt vielversprechend und birgt einen Rhythmus in sich, der vorantreibt und mitreißt. Wie eine Prophezeiung wird damit die Überzeugung genährt, dass da nichts mehr schief gehen kann. Aber was ist es, das diesen positiven Blick in den Tag, diese beschwingte und heitere Tagesmelodie bestimmt hat? Da spielt vielleicht der beiläufig wahrgenommene blaue Himmel, die Morgensonne oder die Lieblingsmelodie im Radio eine stimulierende Rolle dabei, dass die eigenen Gedanken in eine positive Richtung gehen. Es kann vielleicht auch die Vorfreude auf die geplanten erfreulichen Aktivitäten des Tages sein, beispielsweise ein kleiner Ausflug, ein Handballspiel, der Abend mit Freunden oder die Aussicht auf viel Freizeit. Vielleicht ist es aber auch eine anstehende, herausfordernde berufliche Tagesaktivität, die mit der Vorstellung verbunden ist, dass sie gut gelingen wird. Gedanken an einen bevorstehenden, aller Voraussicht nach gelingenden Tag heben die Stimmung und setzen bei uns einen beschwingten Tagesrhythmus in Gang.

Der Tag kann aber auch damit beginnen, dass es einer ist, aus dem einfach nichts werden kann. Man steht mit dem falschen Bein auf, der Himmel ist grau, die Glieder schmerzen, der Kaffee schmeckt nicht, die anstehenden Tagesaufgaben wirken erdrückend oder der Tag birgt voraussichtlich keinerlei Highlights. Mit der festen Überzeugung, dass der begonnene Tag nichts als Schwierigkeiten, Ärger, Schmerzen und kaum noch zu bewältigende Anstrengungen beinhalten wird, ist eine düstere Tagesmelodie festgelegt und ein schleppender Rhythmus vorgegeben. Doch wir müssen uns dem nicht zwangsläufig ausliefern. Wenn es uns gelingt, den Blick nach draußen zu wenden und wahrzunehmen, was der Tag doch auch noch an sonnigeren Sinnesreizen zu bieten hat, können wir – ganz entgegen unseren Erwartungen – auch das erleben, was ein positives Gegengewicht zu den Widrigkeiten des Tages darstellt.

Eine tiefe, dauerhafte Lebenszufriedenheit oder gar Lebenssinn wird allein aus den kleinen täglichen Freuden mit ihren rein vergnüglichen Anregungen in der Regel zwar nicht entstehen, aber eine gute, positive Grundstimmung. Das ist ein Kraftstoff des Lebens, der uns auf den anderen Wegen zum Glück vorantreibt.

Am Abend das Glück des Tages festhalten

Gut wäre es, sich an jedem Abend hinzusetzen und sich noch einmal zu erinnern, welche positiven Dinge und angenehmen Sinnesreize den Tag geprägt haben. Manchmal bedarf es vielleicht einer detektivischen Suche, aber wenigstens eine angenehme Sache sollte sich wirklich immer finden lassen. Es kann auch hilfreich sein, ein Glückstagebuch zu führen, in dem man stichpunktartig notiert, was man an vergnüglichen Momenten erlebt hat. Die eigene Aufmerksamkeit wird dadurch noch etwas mehr auf diese angenehmen Details des Tages gelenkt, und künftig können dadurch all die schönen kleinen Dinge viel rascher wahrgenommen werden. Mit Erstaunen kann man plötzlich feststellen, wie viel Glück festgehalten werden kann.

Die folgende Übung will dazu anregen auszuprobieren, ob man ein solches Tagebuch auch einmal in einer ganz anderen Weise führen könnte.

Übung: Tagebuch der schönen Augenblicke

Entschließen Sie sich, eine Woche lang abends möglichst alle vergnüglichen Momente des Tages genau zu beachten. Bemühen Sie sich, tagsüber keinen dieser Momente zu verpassen, damit Sie abends alles Schöne in Ihrem Tagebuch festhalten können. Wird Ihnen alles, was schön war, noch präsent sein, wenn Sie sich am Abend hinsetzen und den Tag Revue passieren lassen? Wie könnten Sie bei Ihrer Tagesbilanzierung vorgehen? Den Tag noch einmal vor Ihrem inneren Auge ablaufen lassen? Sich fragen: Was war angenehm? Die Orte noch einmal in Gedanken aufsuchen, an denen Sie sich aufgehalten haben? Was war an diesen Orten schön für Sie?

Versetzen Sie sich am besten noch einmal kurz in die Tätigkeiten hinein, die Sie im Laufe des Tages ausgeführt haben. Was hat Ihnen Freude bereitet, Spaß gemacht, worüber waren Sie zufrieden?

Erinnern Sie sich auch an die Personen, mit denen Sie zusammengewesen sind. Wer war es? Was behalten Sie noch von diesen Kontakten im Gedächtnis? Welche Person war Ihnen am liebsten oder am angenehmsten?

Und nun geht es um einen ganz bestimmten Aspekt Ihrer sozialen Kontakte. Erinnern Sie sich möglichst genau: Welche schönen *Augen*-Blicke hatte dieser Tag für Sie? Und das nehmen Sie bitte ganz wörtlich! Vielleicht waren es die strahlenden Augen eines kleinen Kindes, an die Sie sich erinnern. Vielleicht waren es die schönen braunen oder blauen Augen Ihrer Kollegin oder die Ihres Freundes. Vielleicht waren es die wachen Augen eines alten Menschen? Oder die der Bäckerin mit den netten Lachfältchen?

Vielleicht bemerken Sie an dieser Stelle, dass Sie darauf noch nie so richtig geachtet haben. Wenn das so ist, dann kann Sie diese Übung dazu anregen, schon morgen Ihren Mitmenschen ein wenig achtsamer zu begegnen und einmal genauer wahrzunehmen, wie Sie angeblickt werden. Wenn Sie mutig genug sind, können Sie auch ganz einfach einen vergnüglichen *Augen*-Blick provozieren, indem Sie selbst einen anderen Menschen freundlich anlächeln.

Das Tagebuch der schönen Augenblicke soll dazu ermutigen, soziale Kontakte in neuer Weise zu erleben und mit Vergnügen zu genießen.

Etwas zu genießen gelingt uns nicht unbedingt ganz automatisch, wir können uns aber ganz bewusst darin üben.

Genießen lernen und Genuss kultivieren

Genießen kann man durch eine bewusste Lenkung der eigenen Sinne gut lernen. Indem die ganze Aufmerksamkeit wachsam auf das gerichtet wird, was mit allen Sinnen wahrgenommen werden kann, lässt sich immer rascher auch das Angenehme entdecken. Im therapeutischen Rahmen geschieht dies ganz gezielt in der »Kleinen Schule des Genießens«. Das ist der Unterricht, in dem Riechen, Tasten, Schmecken, Sehen und Hören neu erfahren werden können. Die beiden Psychotherapeuten Eva Koppenhöfer und Rainer Lutz haben dazu ein ausgefeiltes Programm für sechs bis zehn derartige »Schulstunden« entwickelt, in denen anhand geeigneter Stimulanzien exploriert und ausprobiert wird, was persönlich gefällt und positive Impulse setzt. Gefördert wird der Genuss durch sieben Regeln des Genießens, die es einzuhalten gilt:

1. Genuss braucht Zeit.

   Beim Genießen entsteht ein angenehmer emotionaler Zustand, der sich erst langsam entwickelt. Man braucht ein wenig Zeit, nicht unbedingt viel, aber genügend, um wahrnehmen zu können, was wahrzunehmen ist und wie man es empfindet.

2. Genuss muss erlaubt sein.

   Genussverbote gibt es reichlich. Jeder Mensch kennt Sätze wie »Übertreiben ist ungut« oder »Man muss auch essen, was nicht schmeckt«. Es geht darum, solche Verbote oder Gebote abzulegen und sich zu trauen, alltägliche Genüsse zu entdecken, zuzulassen und wertzuschätzen.

3. Genuss geht nicht nebenbei.

   Die Aufmerksamkeit soll auf das gerichtet werden, was Gegenstand der Wahrnehmung ist. Geht es darum, den Geruch einer Orange wahrzunehmen, dann muss die gesamte Aufmerksamkeit auf die Orange gerichtet werden. Alles andere wird dabei für eine gewisse Zeit ausgeblendet.

4. Weniger ist mehr.

   Es geht um eine Beschränkung. Sensibel wird erspürt, wann etwas

»genug« ist. So entdeckt man das Besondere und erhält sich die Freude an diesem Genuss. Zugleich hegt man den Wunsch in sich, diesen Genuss ein anderes Mal wiederzuerleben.

5. Genuss ist Geschmacksache; jedem das Seine.

Es geht darum, den ganz individuellen Genuss herauszufinden. Jeder muss für sich selbst entdecken, was besonders gefällt, anspricht und als schön und interessant empfunden wird. Dabei sollte man sich auch nicht scheuen, etwas zu mögen, das andere Menschen ablehnen.

6. Ohne Erfahrung kein Genuss.

Man lernt umso nuancierter wahrzunehmen, je genauer man etwas kennt. Kleine Unterschiede werden erst nach mehrfachem Probieren und Auskundschaften wahrnehmbar. Vorerfahrungen erhöhen den Genuss.

7. Genuss ist alltäglich.

Genuss ist nicht den ganz besonderen Zeiten vorbehalten und nur auf Urlaubszeiten, auf das Wochenende oder den Abend beschränkt. Zu jeder Zeit des Tages können kleine Genüsse entdeckt und erlebt werden, wenn man nur die entsprechende Einstellung zum Genießen entwickelt.

Die Erfolge dieses schon seit mehr als zwanzig Jahren vor allem in Kurkliniken, Rehabilitationseinrichtungen, aber auch in psychiatrischen Kliniken oder in Einzeltherapien praktizierten Vorgehens des Experimentierens mit Genüssen mit diesen Verhaltensregeln sind gut belegt. Neben einer verbesserten Genussfähigkeit ohne Reue und schlechtes Gewissen erschließen sich durch die »Kleine Schule des Genießens« oftmals auch die persönlichen Potenziale viel besser. Die Menschen werden mitteilsamer, geselliger, mutiger und kreativer und schenken schönen Augenblicken ihres Lebens mehr Beachtung. Neue, bereichernde Perspektiven für das eigene Leben eröffnen sich.

Aber nicht nur im therapeutischen Rahmen kann eine solche Sinnesschulung stattfinden. Überall in der Natur bieten sich Möglichkeiten dazu. Vielerorts regen schön gestaltete Naturpfade zu bewussten Sinneserlebnissen an. Oder in Kräutergärten kann die Wahrnehmung der Sinne verfeinert werden. Regelmäßig bieten in manchen Gemeinden auch Förster anregende Waldwanderungen »mit allen Sinnen« an. Wann haben Sie zum Beispiel zuletzt eine Kastanie in die Hand genommen, die stachelige äußere Hülle entfernt, um danach die braun glänzende Kastanie herauszunehmen und die glatte, geschmeidige Außenhaut spüren zu können? Oder wann haben wir uns jemals mit unterschiedlichen Blattformen oder Blattfarben beschäftigt? Wann den Geruch feuchten Laubes wahrgenommen und uns gefragt, ob wir diesen Geruch mögen?

Zwei besondere Naturpfade sollen etwas genauer betrachtet werden, da sie Anregungen geben, die über pure Sinneserlebnisse hinausgehen. Auf der Insel Wangerooge gibt es einen »Seelenpfad«, der zu meditativen Erlebnissen anregt. Entlang der Wanderstrecke sind an mehreren Standorten Tafeln mit Texten aufgestellt, die sich auf die umliegende Landschaft, auf Tiere, Pflanzen, auf die Jahreszeiten oder das Meer beziehen. Zusammen mit Wind, Weite, Vogelrufen und Wellenrauschen sollen sie eine Seelenmelodie entstehen lassen, die berührt und die Wandernden miteinander ins Gespräch bringt. Der Pfad verspricht Neues und Überraschendes und regt damit einen ganz besonderen Genuss an.

In ähnlicher Weise findet man an vielen Orten Naturpfade, die zum Wahrnehmen, Genießen und Reflektieren anregen. Ein sehr schönes weiteres Beispiel ist der Tiroler Friedensglocke-Wanderweg, der im Jahr 2003 in der österreichischen Gemeinde Mösern nahe Seefeld eröffnet wurde. Auch dieser Weg lädt zu einem Naturerlebnis mit Besinnung ein. Er führt über sieben Stationen zu landschaftlich schönen Punkten, an denen künstlerisch gestaltete Holzstelen mit Texttafeln aufgestellt sind. An der letzten Station bietet sich ein einzigartiger Panoramablick über die Alpenlandschaft des Oberinntals und die silbrig schimmernden Schleifen des Inns. Dies ist ein Platz, der schon Albrecht Dürer faszinierte und zu Landschaftsskizzen anregte, die er in sein Selbstporträt aus dem Jahr 1498 als Fensterblick hineinkomponierte. Hier an dieser prominenten Stelle läutet an jedem Abend weithin hörbar die 10 Tonnen schwere Friedensglocke des Alpenraums. Sie will gute, friedliche Nachbarschaft im Alpenraum und in aller Welt verkünden und viele Wanderer hören diesem Glockengeläute aufmerksam zu.

Die Texte der Stelen regen zu Achtsamkeit und Meditation an. An Station zwei findet sich auch eine gute Empfehlung zum Genießen: »Deshalb ist der stille Genuss des Schönen und Guten nicht ausreichend. Es bedarf neben der Wahrnehmung auch des Lobes, der Geste, des Wortes – der Dankbarkeit«[25], heißt es in dem von dem einheimischen Theologen

Ewald Heinz formulierten Text. Mit der Wirkung von Dankbarkeit, die ein sehr nachhaltiges Glück in sich birgt, werden wir uns später noch genauer beschäftigen.

Natürlich bedarf es nicht notwendigerweise solcher äußerer Anregungen, wenn man seine Fähigkeit, mit allen Sinnen zu genießen, trainieren und verfeinern möchte. Das geht auch ganz ohne Hilfe von außen, indem man sich nur immer wieder einmal ganz bewusst auf einzelne Sinne konzentriert. Der achtsame Blick fällt dann beispielsweise schon morgens auf dem Weg zur Arbeit auf die oft schon gesehene, aber nie so deutlich wahrgenommene Platanenallee, oder man registriert, dass der Kollege ein neues Rasierwasser benutzt und dass der Salat ein interessantes neues Dressing mit Feigenessig hat. Und man achtet zu Hause vielleicht erstmals darauf, wie der Stoff des Sessels, in dem man sitzt, sich anfühlt, der neue Kugelschreiber in der Hand liegt und wie das Feuer im Kamin knistert.

Welche Empfindungen entstehen bei solchen Sinneseindrücken? Viele, die wir als neutral oder wenig herausragend erleben. Manche, die wir als störend erleben und eine ganze Reihe, die wir als angenehm empfinden. Nun gilt es die Wahrnehmung auf das Positive zu fokussieren und genauer herauszufiltern, was uns ganz persönlich Freude und Genuss bereitet. Durch unser Rückerinnern kann sich der erlebte Genuss noch deutlicher ausformen. Was der Gewinn solcher Erinnerungen ist, legt uns der Dichter und Schriftsteller Hermann Hesse überzeugend dar:

>Und Erinnerung heißt die Kunst, einmal Genossenes nicht nur festzuhalten, sondern es immer reiner auszuformen. [...] Indem so das Rückwärtsschauen die Genüsse entfernter Tage nicht nur wiedergenießt, sondern jeden zu einem Sinnbild des Glücks, zu einem Sehnsuchtsziel und Paradies erhöht, lehrt es immer wieder neu genießen.«[26]

Die Psychologie sagt, dass neben dem unmittelbaren Genießen selbst tatsächlich eine besondere weitere Fähigkeit darin besteht, die erlebten Genüsse immer wieder auskosten zu können. Die beiden amerikanischen Psychologen Fred Bryant von der Loyola Universität von Chicago und Joseph Veroff von der Universität von Michigan schenken dieser Fähigkeit in ihrer Forschung deshalb besondere Beachtung.[27] Es geht um die Frage, wie »Savoring«, also das Auskosten von Positivem im Rückblick, im Hier und Jetzt und in der Vorfreude auf die Zukunft gut gelingen kann. Das Wort Savoring leitet sich von dem lateinischen Wort *sapere* ab, was »wissen«, bedeutet. Diese Form von Wissen, um die es hier geht, erwirbt man sich über das Erleben positiver Momente im Leben, die sich als Erinnerungsspur einprägen.

Damit sich dieses Wissen aber tatsächlich verfestigen kann, bedarf es geeigneter Übungen. Eine dieser Übungen besteht zum Beispiel darin, eine Woche lang an jedem Tag eine kleine »Urlaubszeit« vorzusehen, in der man angenehme Dinge tut. Auf dem Weg zum Glück ist es eine gute Sache, eine solche Urlaubsphase im Alltag einzuplanen.

Übung: Urlaub im Alltag

Der kleine »Urlaub im Alltag« sollte mindestens 20 Minuten dauern. Man kann spazierengehen, einfach nur ruhig im Garten sitzen, sich auf das Sofa legen, einen Espresso trinken, ein Bad nehmen, einen Freund oder eine Freundin treffen oder auch ganz andere angenehme Dinge tun. Der eigenen Fantasie sind hier keine Grenzen gesetzt.

Bevor man die gewählte »Urlaubs«-Beschäftigung beginnt, schaltet man bewusst von allem anderen, was stören könnte, ab, konzentriert sich möglichst intensiv auf die geplante »Urlaubs«-Aktivität, erinnert sich daran, dass man alle Dinge in dieser Zeit so sehen will, als sähe man sie zum ersten Mal, und dass man genau auf alle Gefühle achten will, die man verspüren kann. Während der »Urlaubs«-Aktivität versucht man, alles, was man als angenehm empfindet, ganz bewusst wahrzunehmen und die entstehenden positiven Gefühle möglichst genau zu erkennen und zu benennen. Dann versucht man, ganz bewusst eine möglichst genaue Erinnerung an all dies auszubilden, indem man die Augen schließt und alles noch einmal auf sich wirken lässt.

Danach versucht man, seinen Gefühlen in irgendeiner Weise sichtbaren Ausdruck zu verleihen: ein Lächeln, ein Freudenhüpfer, ein begeistertes In-die-Hände-Klatschen oder was auch immer.

Am Ende jedes Tages wird der »Urlaubs«-Plan für den nächsten Tag gemacht und in der eigenen Vorstellung ausgemalt. Außerdem schaut man auch noch einmal zurück auf die positiven Erlebnisse des gerade vergangenen Tages. Dabei werden alle positiven Erinnerungen, alle angenehmen Gefühle und Empfindungen und alle reizvollen, schönen Umstände noch einmal deutlich ins Gedächtnis gerufen und ausgekostet.

Am Ende der Woche sollte man sich ein paar Minuten Zeit nehmen, um zurückzublicken: Was war positiv? Wie hat es sich genau angefühlt? Was war daran schön, faszinierend, belebend oder entspannend oder in welch anderer Weise lässt sich das positive Erleben am besten beschreiben? Man sollte außerdem sein aktuelles Befinden mit dem in den letzten Wochen vergleichen und damit, wie man sich üblicherweise fühlt. Und wenn man sich nach der Woche mit den »Urlaubs«-Momenten besser fühlt, dann ist man auf dem richtigen Weg und wird motiviert sein, auch weiterhin mehr auf die angenehmen Erlebnisse des Tages zu achten.

Die aufmerksame Beachtung der Momente des Glücks und der alltäglichen kleinen Vergnügungen, aber auch das absichtsvolle Suchen von angenehmen Sinnesfreuden sind ein Weg, um das eigene Wohlbefinden positiv zu beeinflussen und die eigenen Widerstandskräfte zu verbessern. Es geht um all die Dinge im Alltag, die Spaß machen, die die eigene Stimmung zu heben vermögen, heiter stimmen, vitalisierende Energien verleihen oder Entspannung, innere Ruhe und Gelassenheit bewirken.

Es geht manchmal auch darum, sich früher einmal erlebte Vergnügungen wiederzubeschaffen. Was spricht dagegen, mal wieder einen Drachen in den blauen Himmel steigen zu lassen? Oder was spricht dagegen, mal wieder einen Damm mit einem Wasserrad zu bauen? Mit den eigenen Kindern, Enkelkindern oder Kindern von Freunden kann man solche Kindheitsfreuden ganz leicht wieder aufleben lassen.

Gerade diese kleinen Ermunterungen *(uplifts)* im Laufe des Tages sind es, welche die Widrigkeiten des Alltags besser handhabbar machen. Um deutliches Wohlbefinden zu erzielen, so haben Studien zum Glück gezeigt, sollten die kleinen Ermunterungen die kleinen Misslichkeiten des Alltags etwa um das Dreifache übersteigen. Optimal wäre es, wenn die positiven Gefühle noch deutlich mehr wären als die negativen, insbesondere wenn es um das Glück in Partnerbeziehungen geht.

Kann es vielleicht auch ein Zuviel des Guten und Angenehmen geben? Möglicherweise, denn ehrliche menschliche Gefühle in guter Durchmischung sind das Beste für ein gelingendes Leben mit guter Bodenhaftung.

Fassen wir die wesentlichsten Aspekte noch einmal kurz zusammen: Auch wenn der Effekt der kleinen positiven Alltagsreize nur vorübergehend ist, sind die kleinen alltäglichen Freuden doch als ganz entscheidende Wegbegleiter unseres Lebens zu betrachten. Üben wir uns also darin, jedes kleine »Augenblicksblinken« des Glücks sorgsam zu registrieren, auch wenn es, wie es in einem Gedicht von Hermann Hesse heißt, nur an uns vorüberweht und dann rasch wieder vergeht:

Blauer Schmetterling
Flügelt ein kleiner blauer
Falter vom Wind geweht,
Ein perlmutterner Schauer,
Glitzert, flimmert, vergeht.
So mit Augenblicksblinken,
So im Vorüberwehn,
Sah ich das Glück mir winken.
Glitzern, flimmern, vergehn.[28]

Wir fangen uns damit die Stimmungsaufheller ein, die körperliche, intellektuelle, soziale und seelische Ressourcen zu entwickeln helfen. Die besondere Kunst besteht darin, dass wir dieses kurze Aufblinken des Glücks tatsächlich auch wahrnehmen. Hinschauen muss jeder für sich. Das ist eine Fähigkeit, die wir erlernen können, wenn wir nach angenehmen Ereignissen in unserem Leben Ausschau halten. Und wenn wir sie dann auch noch ohne überzogenen Anspruch als etwas Positives bewerten können, dann sind wir auf dem besten Weg. Manchen Menschen fällt es schwer, sich zuzugestehen, dass sie ein Recht auf Glück haben und sich Vergnügliches gönnen dürfen. Nur zaghaft wagen sie es, sich den Weg zu suchen, auf dem auch einmal ihre persönlichen Wünsche zählen oder sogar Vorrang haben. Doch jeder Schritt in diese Richtung ist gut und motiviert zum Weitergehen.

Ein engagiertes Leben führen

Etwas für sein Glück tun – es lohnt sich!

Beginnen wir mit einem Bild, auf dem zwei Personen zu sehen sind, die sich darüber unterhalten, was Glück bedeutet.

Der erste sagt: »Glück ist für mich, wenn sich alle meine Wünsche erfüllen.«

Der zweite sagt: »Glück ist für mich, meine Pflicht zu erfüllen.«

»Wem von beiden stimmen Sie eher zu?«, fragte das Institut für Demoskopie in Allensbach und ermittelte auf diese Weise, dass die Mehrheit ihr Glück auf dem bequemeren Weg sucht. Insgesamt 62 Prozent der Befragten stimmten der ersten Aussage zu: Glück bedeutet für sie, dass sich alle ihre Wünsche erfüllen. Für Glück durch Anstrengung und Erfüllung von Pflichten entschieden sich dagegen lediglich 19 Prozent. Weitere 19 Prozent waren unentschieden und legten sich nicht weiter fest.[29]

Vielleicht überrascht es, dass die Minderheit Recht hat! Nicht der bequeme Weg führt zu nachhaltigem Lebensglück. Wesentliche Quellen des Glücks fallen uns nicht zu, sondern erschließen sich nur durch persönliches Engagement, also durch Anstrengungen, die man auf sich nimmt. Das ist eine gute Nachricht, weil wir Einfluss nehmen können und nicht abwarten müssen, ob das Glück zufällig vorbeikommt.

Wie bringen Eltern ihre Kinder zu einer Form von Engagement, mit der sie sich ihr Glück erschließen können? Sie können ihnen dabei helfen, ihre Bedürfnisse besser zu erkennen, realistisch einzuschätzen und angemessen zu verwirklichen. Sie werden vermutlich auch immer wieder aufzeigen, was man für sein Glück tun muss. Der amerikanische Glücksforscher Michael Fordyce ist bereits vor dreißig Jahren schon so mit seinen Studierenden verfahren. Er hat ihnen eine Reihe von grundlegenden Verhaltensregeln vorgegeben, nach denen sie für einige Wochen leben sollten. Die Studentinnen und Studenten konnten damit ihr Glücksniveau erfolgreich anheben. Es waren die folgenden Regeln, die sich bewährt haben:[30]

1. Werde aktiver und sorge dafür, dass du dich mit etwas beschäftigst.
2. Verbringe mehr Zeit mit anderen Menschen.

3. Sei produktiv durch sinnvolle Arbeit.
4. Sei systematischer und plane die Dinge besser.
5. Höre auf, dir Sorgen zu machen.
6. Schraube deine Ansprüche herab und begrenze deine Erwartungen.
7. Entwickle ein positives, optimistisches Denken.
8. Orientiere dich an der Gegenwart.
9. Arbeite an einer gesunden Persönlichkeit und akzeptiere dich selbst.
10. Baue deine sozialen Seiten stärker aus.
11. Sei du selbst.
12. Reduziere negative Gefühle und Probleme.
13. Die engsten Bezugspersonen sind die wichtigsten.
14. Erkenne, dass Glück wertvoll ist.

Wenn man sich diese vierzehn Verhaltensregeln anschaut, fühlt man sich gewiss nicht spontan von allen angesprochen. Aber die Regel, die man auf Anhieb als interessant oder ansprechend erlebt, könnte man durchaus ja für die nächsten Wochen anzuwenden versuchen. Suchen Sie sich also eine dieser Regeln aus, notieren Sie sie sich auf einem Blatt Papier, falten Sie es dann zusammen und stecken Sie es in ihre Hosentasche. Oder schreiben Sie sich die in Frage kommende Regel auf ein kleines Kärtchen, das Sie im Portemonnaie aufbewahren. So werden Sie immer wieder einmal daran erinnert, diese Regel auch tatsächlich ernst zu nehmen, und Sie werden anfangen zu überlegen, ob Sie sie bereits angewandt haben oder wann Sie sie anwenden könnten. Ein erster Schritt in Richtung eines engagierten neuen Lebensstils ist damit gemacht.

Doch Engagement kann auch noch ganz anders verstanden werden, nämlich als ein besonderer, intensiver und aktivitätsgebundener Zustand – ein konzentrierter Glückszustand.

Das geheimnisvolle Glück des »Flow«

Es lohnt sich, diesem besonderen Zustand konzentrierten Glücks, dem »Flow«, nachzuspüren. Dabei geht es um einen engagierten Weg zum Glück, den der weltbekannte Psychologe Mihaly Csikszentmihalyi systematisch erforscht und näher beschrieben hat. Der Mann mit dem schwer auszusprechenden Namen ist als Sohn ungarischer Eltern in Italien geboren und später in die USA ausgewandert. Er befasst sich seit mehr als 40 Jahren mit der Glücksforschung. Der inzwischen über 70-jährige Professor ist immer noch sehr aktiv. In seiner Tätigkeit als Direktor des Quality of Life Centre begleitet er wissenschaftliche Studien zur Positiven Psychologie. Erforscht werden hier vor allem menschliche Stärken wie Optimismus, Kreativität, aber auch Motivationen, die Menschen aus sich selbst heraus entwickeln.

Mit seinem Namen und seiner Forschung verbindet sich vor allem der geheimnisvolle Glückszustand, für den er den Begriff »Flow« geprägt hat. In diesem Begriff kommt zum Ausdruck, was diesen Zustand charakterisiert: Es geht um etwas Fließendes, Schwereloses, bei dem sich Glück ganz absichtslos einstellt. Dieses Glück ist anders als das vergnügliche Glück, welches vor allem durch Sinnesreize stimuliert wird. Flow erlebt man nicht auf diese bequeme Weise. Flow tritt nicht ohne persönliche Anstrengungen auf, sondern verlangt immer großes Engagement.

Aber das Engagement wird belohnt. Ein Wohlbefinden besonderer Art entsteht. Flow-Erfahrungen sind Momente intensivsten, gut gelingenden Lebens, und gerade die ungeteilte innere Aufmerksamkeit für eine Beschäftigung ist dabei von zentraler Bedeutung. Flow entsteht dadurch, dass Menschen durch ihre Aktivität in einen Zustand der Absorption, der völligen Konzentration eintauchen. Man löst ein schwieriges Problem, aber es scheint so, als geschähe es ohne viel Kraftaufwand, eher mühelos und spontan. Alles andere tritt in den Hintergrund, während man ganz und gar selbstvergessen in einer Tätigkeit aufgeht. Obgleich diese Tätigkeiten höchst engagiert betrieben werden, ist in der Regel keine äußere Belohnung ausschlaggebend. Entscheidend ist vielmehr, dass es sich um Aktivitäten oder Tätigkeiten handelt, die aus einem Interesse heraus ausgeübt werden, das in der Tätigkeit selbst begründet ist.

Welche Tätigkeiten lösen Flow aus?

Ganz ursprünglich hat Csikszentmihalyi vor allem berufliche Tätigkeiten untersucht. Dabei wandte er sich anfangs vor allem Künstlern zu, deren kreative Beschäftigungen ihm am ehesten flow-förderlich erschienen. Später untersuchte er aber auch alle anderen Berufe auf das Phänomen des Flow hin. Am besten ist es bei Chirurgen zu erforschen. Sie gehören nämlich zu den Menschen, die ihren Beruf über alles lieben und meistens voll darin aufgehen.

Aber das Flow-Erlebnis ist auch außerhalb der beruflichen Sphäre gut nachweisbar. Zum Beispiel beim Singen im Chor, beim Klettern am Steilhang, beim Schachspielen, beim Klavierspielen, beim Weben eines schwierigen Musters, beim Tennisspielen und der Ausübung anderer Freizeitbeschäftigungen, sofern sie mit Leidenschaft betrieben werden und es darum geht, etwas Neues zu entdecken, Probleme zu lösen oder etwas Schwieriges zu bewältigen. Es geht also um solche Aufgaben und Tätigkeiten, die noch nicht zur Routine geworden sind, schon langweilig erscheinen und eher eine Unterforderung darstellen.

Flow tritt dann ein, wenn uns eine Tätigkeit oder Aufgabe in starkem Maße herausfordert und wir alle Kräfte und Fähigkeiten aktivieren müssen, damit sie gut gelingt. Wichtig dabei ist jedoch, dass uns diese Tätigkeit oder Aufgabe nicht überfordert und Angst vor Versagen auslöst. Der Schwierigkeitsgrad muss vielmehr gerade eben noch zu bewältigen sein. Wird eine solche herausfordernde Aufgabe dann mit Erfolg beendet, stellt sich tiefe Zufriedenheit ein. Zusätzlich kann sich auch ein Gefühl von Dankbarkeit darüber entwickeln, dass man es schaffen konnte, eine so große Herausforderung mit eigenen Kräften zu bewältigen. Manchmal wird dies auch als eine Gnade empfunden.

Ist Flow wirklich ein Gefühl von Glück?

Genau genommen ist Flow nicht als Gefühl zu verstehen. Aber wenn es kein emotionaler Zustand ist, wie man das ja bei Glück erwarten würde, was ist es dann? Flow muss nicht immer mit Freude einhergehen, denn viele Flow-Aktivitäten sind äußerst anstrengend und können sogar schmerzhaft sein. Immer aber vermitteln sie im Ergebnis den Eindruck, etwas vollbracht zu haben und um eine neue Erfahrung reicher zu sein. Würde man mit einem Helikopter auf den Gipfel eines Berges gebracht, empfände man den Ausblick von dort oben vielleicht als ganz nett. Erklimmt man diesen Gipfel zu Fuß, dann erlebt man die Anstrengungen und Freuden des Bergsteigens und freut sich während der ganzen Wegstrecke auf sein Ziel. Der Ausblick wird dann weit überwältigender erlebt, weil ein langer, mühsamer Weg vorausging, den man erfolgreich hinter sich gebracht hat. Das Gipfelerlebnis ist die Krönung des Ganzen und vermittelt, dass sich die Anstrengungen wirklich gelohnt haben.

Flow ist ein Glück mit gänzlich anderen Nuancen, als wir sie vom vergnüglichen Glück kennen. Worum geht es bei Flow? Es geht es um Leidenschaft für eine Sache und um freudige Hingabe an eine Aufgabe. Es geht um das Überschreiten persönlicher Grenzen und um neue Entdeckungen. Es geht um das besondere Erlebnis, das eine schwierige, aber gut verlaufende Tätigkeit in sich birgt. Es geht um den selbstwertstärkenden Eindruck, dass man trotz höchster Beanspruchung alles noch gut im Griff hat.

Zweifelsfrei ist der Zustand des Flow-Erlebens etwas anderes als das, was wir landläufig unter Glück verstehen. Die amerikanischen Glücksforscher Peterson, Park und Seligman haben herausgefunden, dass Flow eben auch kein Gefühl ist.[31] Der Flow-Zustand ist vielmehr durch Engagement, belebende Konzentration und selbstvergessenes Aufgehen in einer Tätigkeit geprägt. Erst nach gelungenem Abschluss der Tätigkeit wird im Nachhinein auch ein Gefühl von Glück und Dankbarkeit für das herausragende Ergebnis empfunden und große Erfüllung und Stolz erlebt. Vielleicht ist es an dieser Stelle ganz hilfreich, sich anhand eines kurzen Fragebogens vor Augen zu führen, wie Flow erfasst wird. Die Forschergruppe von Professor Rheinberg an der Universität Potsdam hat folgende Flow-Kurzskala benutzt:[32]

- Ich fühle mich optimal beansprucht
- Meine Gedanken bzw. Aktivitäten laufen flüssig und glatt.
- Ich merke gar nicht, wie die Zeit vergeht.
- Ich habe keine Mühe, mich zu konzentrieren.
- Mein Kopf ist völlig klar.
- Ich bin ganz vertieft in das, was ich gerade mache.
- Die richtigen Gedanken/Bewegungen kommen wie von selbst.
- Ich weiß bei jedem Schritt, was ich zu tun habe.
- Ich habe das Gefühl, den Ablauf unter Kontrolle zu haben.
- Ich bin völlig selbstvergessen.

Lässt man diese Aussagen auf sich wirken, dann ist gut nachvollziehbar, dass es bei Flow um etwas Faszinierendes und Interessantes geht und offensichtlich auch um kompetentes Gelingen. Das ist zweifellos nicht das, was man gemeinhin mit Glück bezeichnet. Aber es ist einer der wesentlichen Wege zum Glück im Sinne eines erfüllten, zufriedenen Lebens.

Die besonderen Merkmale des Flow-Zustands

Was trägt neben einer neuen Herausforderung noch dazu bei, dass ein Flow-Zustand entstehen kann? Es geht um Aktivitäten, die auf eine bestimmte Aufgabe oder ein Ziel ausgerichtet sind. Sie sind nicht primär durch Machtgewinn oder Geld motiviert, sondern durch eigene Interessen. Man fühlt sich der Aufgabe, um die es geht, gewachsen, auch wenn es sich um eine schwierige Aufgabe handelt. Man orientiert sich an dem angestrebten Ziel, ist ganz bei der Sache und man will eine möglichst perfekte Leistung erreichen. Man arbeitet mit höchster Konzentration und gerät dabei in einen Zustand der Absorption oder Selbstvergessenheit, indem man ganz in dieser Arbeit aufgeht und alle Pflichten oder Sorgen des Alltags in den Hintergrund treten. Das Gefühl für Zeitabläufe verändert sich. Stunden vergehen, als seien sie nur Minuten gewesen, und umgekehrt können Minuten auch zu Stunden werden.

Das eigene Handeln folgt klaren Regeln. Und es gibt stets eine sofortige Rückmeldung darüber, ob die ausgeübte Aktivität richtig war. Ein Chirurg, der nicht punktgenau arbeitet, würde einen Fehler unmittelbar wahrnehmen. Beim Bergsteigen spürt man einen unsicheren Tritt sofort. Entscheidet man sich beim Schachspielen nicht für den richtigen Zug, wird man schon im nächsten Moment matt gesetzt.

Das Ziel, die Regeln und die Rückmeldung tragen dazu bei, dass man mit voller Aufmerksamkeit bei der Sache ist und sich der Herausforderung durch die Aufgabe mit all seinen Fähigkeiten stellt. Man weiß genau, dass das ganze Können und Wissen gefordert ist. In jedem Moment steht man auf dem Prüfstand und erhält auch sofort eine eindeutige Rückmeldung, wie wirkungsvoll man war. Das trägt dazu bei, dass das Selbstvertrauen mit jedem Schritt in die richtige Richtung spürbar wächst.

Man handelt mit Hingabe. Aus der Sicht von Außenstehenden wirkt dieses Handeln scheinbar mühelos. Treten unerwartete Hindernisse oder Rückschläge ein, gelingt es durch die hohe persönliche Motivation, dass man damit umgehen und das Ziel dennoch mit hohem persönlichen Einsatz erreichen kann.

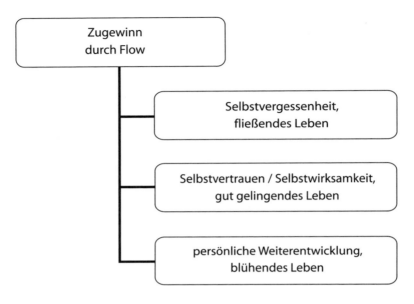

Abbildung 3: Flow – ein Glück mit Zugewinn

Jede Annäherung an das gesetzte Ziel bestätigt die Erfahrung, dass man Kontrolle über das Geschehen hat. Dies und die intensive weitere Betätigung führen dazu, dass man schließlich zu einem Experten oder einer Expertin mit einer stabilen, herausragenden Leistungsfähigkeit wird. Der persönliche Einsatz hat sich gelohnt, aber ohne Fleiß kein Preis. Dem Hochsprung bei der Olympiade, der so leicht aussieht, geht jahrelanges hartes Training mit größter Konzentration und Selbstdisziplin voraus. Dann aber ist schließlich ein Zustand erreicht, in dem sich der Körper mühelos wie von selbst bewegt. Dies ist ein Glücksmoment ganz besonderer Art, der allein den eigenen Anstrengungen zu verdanken ist.

Durchgängig ist ein sehr hohes Maß an Selbstdisziplin gefragt. Anfänglich ist besonders viel Aktivierungsenergie aufzubringen, später vor allem Durchhaltevermögen gefragt. Ohne die Entfaltung dieser Fähigkeiten ist das Flow-Erlebnis nicht zu haben, das je nach Aufgabe, in unterschiedlicher Intensität von Mikro-Flow bis zu tiefem Flow gehen kann.

Durch Flow erzieltes Glück ist ein Glück mit Zugewinn. Das Leben ist im Fluss, gelingt gut und wird bunter und reichhaltiger. Größeres Vertrauen in die eigene Person und die eigenen Fähigkeiten, die feste Überzeugung, dass man wirkungsvoll denken und handeln kann, und persönliche Weiterentwicklung sind die Folge (siehe Abbildung 3).

Flow nur während der Arbeit?

Wann tritt der Flow-Zustand am ehesten auf? Bei der Arbeit oder während der Freizeit? Vermutet wurde zunächst, dass selbstbestimmte Freizeitbeschäftigungen, die mit Enthusiasmus betrieben werden, eher zu Flow-Erlebnissen führen könnten. Und tatsächlich bietet die Freizeit oft Gelegenheit zu Flow-Erlebnissen. In einer Studie mit über 800 amerikanischen Jugendlichen wurde festgestellt, dass sich bei aktiver Freizeitbeschäftigung mit Spiel und Sport in nahezu der Hälfte der Zeit Flow einstellt. Beim Musikhören, einer deutlich passiveren Form der Freizeitbeschäftigung, ist dies beispielsweise selten der Fall. Hier wird überwiegend Entspannung erlebt.

Flow wurde aber stets sehr viel öfter während der Arbeit nachgewiesen als während der Freizeit. Überraschend war dabei aber, dass die untersuchten Personen trotz des Flow-Erlebens während der Arbeit dann aber häufiger als während der Freizeit angaben, sie würden jetzt lieber etwas anderes tun. Wie passt das zusammen? Menschen erleben Flow, also eine Form des Glücks, aber sie möchten dieses Glück nicht fortsetzen, sondern lieber etwas anderes tun. Dieses Ergebnis, das als »Paradoxon der Arbeit« bezeichnet wurde, ist irritierend. Es ist ein Phänomen, das gleichermaßen in den USA wie auch in Europa feststellbar ist. Bei der Arbeit kommt es häufiger zu Flow. In der Freizeit sind dagegen die unmittelbaren Glücksgefühle stärker ausgeprägt. Zudem wird in der Freizeit auch größere Zufriedenheit erlebt, wie die Potsdamer Forschergruppe nachweisen konnte. In diese Richtung weisen auch die Verläufe über die Woche hinweg: die Befragten sind am Wochenende deutlich glücklicher und zufriedener als während der Woche.

Die Schattenseiten des Flow

Csikszentmihalyi betont, dass Flow-Erfahrungen nicht wirklich glücklich machen können, wenn man sie lediglich in *einem* Tätigkeitsfeld erlebt. Es muss mehr als eine Sache im Leben geben, in die man sich voll und ganz vertiefen möchte, die fasziniert und die man genießt. Alle Möglichkeiten des Erlebens müssen ausgeschöpft werden. Der Beruf und die zwischenmenschlichen Beziehungen, insbesondere in Partnerschaft und Familie, bieten dabei viele Möglichkeiten, für die man sich engagieren kann.

Ein rundum spannender Beruf, neben dem es aber nichts anderes mehr gibt, kann leicht zu zwanghaftem Ehrgeiz führen und zu dem Versuch, alle ringsum übertrumpfen zu wollen. Ist diese Entwicklung angebahnt, befindet man sich längst nicht mehr in seinem natürlichen Fließgleichgewicht, sondern auf dem Weg zur Überforderung. Man gerät in einen Zustand des Getriebenseins. Das kann leicht in Burn-out, einem Zustand des unglücklichen Ausgebranntseins, enden. Flow kann hier zur großen Gefahr werden, wenn diese Entwicklung nicht erkannt wird und man nicht einsieht, dass es auch noch andere Wege zum Glück gibt.

Trotz dieser Gefahren spricht alles dafür, sich im Leben zu engagieren, mit Maß und Ziel – und das kann man lernen.

Flow kann man lernen

Vieles kann man durch gute Vorbilder lernen, durch »Lernen am Modell«, wie es in der Psychologie heißt. Kann man auf diese Weise auch lernen, sich in einen Flow-Zustand zu versetzen? Flow kann man sich zwar nicht direkt von anderen Menschen abgucken, aber man kann beim Zuschauen entdecken, dass es da um etwas sehr Faszinierendes gehen muss. Lässt man sich beschreiben, woher das starke Engagement kommt, dann wird man hören, dass es eine Beschäftigung ist, für die man seine Zeit gerne aufbringt. Es ist eine spannende und gute, richtige und wichtige Aktivität. Mit Begeisterung werden die Herausforderungen in allen Details beschrieben, die bewältigt werden konnten und auf die man stolz ist. So viel Engagement weckt das Interesse, so etwas doch auch einmal zu versuchen. Die Begeisterung wirkt ansteckend. Der erste Schritt ist bereits getan, wenn man sich fragt, ob es einem selbst wohl auch gelingen könnte. Ob man auch so ganz und gar in einer Aufgabe aufgehen und sich dafür begeistern könnte. Beispiele dafür gibt es: Ein junges Mädchen interessiert sich plötzlich selbst für Ballett, Jazz-Dance oder andere Aktivitäten, weil ihre beste Freundin so davon schwärmt und sie ihr schon einmal bewundernd zugeschaut hat.

Aber nicht nur das Miterleben bei anderen kann für diesen Zustand begeistern. Hilfreich ist auch, wenn Eltern bereits frühzeitig bei ihren Kindern Neugier für Neues wecken und sie sie bei dieser Suche anleiten. Im Ausprobieren verschiedener Möglichkeiten liegt die Chance, das zu finden, was besonders mitreißend erlebt wird. Wenn Eltern sich dann gerade auf das fokussieren, was ihren Kindern bei einer Tätigkeit besonders gefallen hat und was sie genossen haben, fördern sie die Lust, sich weiter damit zu befassen. Innere Motivation wird geweckt, sich erneut anzustrengen. So werden immer bessere Fähigkeiten aufgebaut, auch andere Herausforderungen anzunehmen und erfolgreich zu bewältigen.

Es geht darum, die eigenen Aktivitäten während der Arbeitszeit und der Freizeit so zu organisieren, dass das Tun selbst zum Ziel wird. Csikszentmihalyi bezeichnet dies als *autotelische* Tätigkeit. Solche Tätigkeiten können anstrengend sein und Risiken in sich bergen, sind aber nie langweilig und bringen immer das erfreuliche Gefühl mit sich, dass man Kontrolle über das eigene Handeln hat.

Hat man bereits einmal einen Flow-Zustand erlebt, kann man versuchen, dies gezielt zu wiederholen. Rituale können dabei helfen, sich gut darauf einzustimmen. Bevor Chirurgen in den OP-Raum gehen, erledigen sie konzentriert kleine, alltägliche Dinge wie das Anziehen ihrer OP-Kleidung in einer ritualisierten Weise; bereits dadurch fokussieren sie ihre Aufmerksamkeit auf das nun Kommende und können sofort hochkonzentriert an ihre Arbeit gehen. Auch wenn man zum Bergsteigen gehen will, wird die Aufmerksamkeit bei den nötigen Vorbereitungen langsam auf das Klettern gelenkt. Bestimmte Socken werden angezogen, die Schuhe in einer bestimmten Weise gebunden und im Rucksack findet alles seinen festen Platz. Die Wanderkarte wird studiert, die Route begutachtet. Nach dieser Einstimmung weiß man beim Bergsteigen, dass alles gut vorbereitet ist, man sich voll auf das Klettern konzentriert, und die kleine Welt erschaffen ist, in der man sich nun ganz verlieren kann.

Csikszentmihalyi berichtet auch von Schriftstellern, die beim Schreiben in einen Flow-Zustand geraten. Sie brauchen aber oft eine ganze Weile, um diese Tätigkeit in geeigneter Weise anzubahnen. Einer streichelt erst noch seine Katze, bevor er sich in der richtigen Stimmung an den Schreibtisch setzen kann, ein anderer isst grundsätzlich erst einen Apfel oder trinkt noch eine Tasse Tee und rührt dabei mit einem bestimmten Löffelchen konzentriert den Zucker um. Es sind Routinen des

Übergangs, mit denen sich diese kreativen Menschen in eine Art Selbsthypnose versetzen, die sie voll auf die geplante Arbeit fokussiert und alles andere vergessen lässt. Ob die Arbeit dann allerdings glatt von der Hand geht und das gewünschte Ziel erreicht wird, hängt natürlich auch noch von anderen Faktoren ab. Bei Flow hängt das erfüllende Glück vor allem davon ab, dass ein Ziel angestrebt wird. Diese Zielorientierung spielt beim vergnüglichen Wohlfühlglück keine Rolle.

Dass Ziele für uns Menschen grundsätzlich wichtig sind und unser Glück entscheidend mitbestimmen, ist empirisch nachgewiesen worden. Wir werden uns deshalb im Folgenden mit der Frage befassen, wie Menschen Lebensziele für sich entwickeln können und wie es ihnen gelingen kann, zielbewusst und zielbestimmt zu leben.

Lebensziele entwickeln

Wohin soll das Leben gehen? Viele Menschen lassen sich und ihr Leben einfach dahintreiben, ohne weiter darüber nachzudenken. Die meisten haben aber Ziele für ihr Leben. Es sind kleine und große, kurzfristige, mittelfristige und langfristige Anliegen, Projekte, Bestrebungen oder Lebensaufgaben, die man im Alltag verfolgt oder in der Zukunft realisieren will. Ziele drücken aus, dass man etwas erreichen oder bezwecken will. Wenn wir uns Ziele setzen, dann geschieht dies ganz bewusst und aktiv, ganz aus eigenem Antrieb heraus. Denn unsere persönlichen Bedürfnisse und unsere Wertvorstellungen, die unsere Ziele bestimmen, spielen dabei ebenso eine Rolle wie unsere Gefühle, die den psychologischen und körperlichen Treibstoff dafür liefern, dass wir uns Ziele setzen und sie auch mit Nachdruck verfolgen.

Zur Einstimmung auf das Thema wollen wir uns zunächst in einer kleinen Übung ganz entspannt mit der Planung eines Tages beschäftigen und dabei einen ersten Zugang zu Zielen finden, die persönliche Anreize bieten können.

Übung: Am blauen Meer der Möglichkeiten
Gehen wir noch einmal auf eine kleine Reise. Diesmal wollen wir ans Meer reisen, und zwar an ein ganz besonderes Meer. Es ist das Meer der Möglichkeiten, *Ihrer* Möglichkeiten.

Sie wachen frühmorgens in Ihrem Hotel oberhalb des tiefblauen Meeres auf, gerade so rechtzeitig, dass Sie noch das Morgenrot beobachten können. Sie schauen eine Weile interessiert aus dem Fenster und entschließen sich dann, nach draußen zu gehen. Und während Sie den Weg zu einem kleinen Hügel hinaufgehen, entdecken Sie eine Bank, von der Sie eine wunderbare Aussicht genießen können. Die Luft ist frisch und klar und Sie spüren, wie eine sanfte, angenehme Brise über Ihr Gesicht streicht. Und während Sie über das blaue Meer der Möglichkeiten schauen, können Sie dem Gezwitscher der Vögel zuhören und einfach einen Moment verweilen. Links unten sehen Sie eine kleine Bucht, in der Boote liegen. Und Sie können hören, wie die Wellen gleichmäßig ans Ufer schlagen. Vor Ihnen gleiten Möwen in ruhigem Flug über das Meer. Während Sie ihnen nachschauen, wendet sich Ihr Blick nun nach rechts zu einem Hügel mit Ginsterbüschen. Von ferne können Sie das Klingeln der Glöckchen von Schafen und Ziegen hören. Und während Sie sich weiter umschauen, können Sie im Hintergrund einen kleinen, verwunschenen Marmortempel erblicken.

Begeben Sie sich in Ihrer Fantasie nun dorthin, und während Sie dort für eine Weile Platz nehmen, können Sie einfach vor sich hinträumen. Am Horizont all Ihrer Möglichkeiten geht langsam die Sonne auf. Ein schöner Tag liegt vor Ihnen, der Ihnen viel bringen wird und an dem sich einige Ihrer Wünsche erfüllen können. Welche könnten es sein? Ganz entspannt können Sie Ihren Gedanken freien Lauf lassen und alles beachten, was Ihnen einfällt. Und Ihre Gefühle können Ihnen gut mitteilen, was Sie an diesem schönen Tag am liebsten tun möchten. Vielleicht wissen Sie schon, was Sie möchten, oder Sie werden es schon bald herausfinden können, was Sie sich von diesem Tag Besonderes erwarten. Horchen Sie einfach ganz entspannt in sich hinein und dann werden Sie entdecken, welche Wünsche und Bedürfnisse Ihnen an diesem Tag besonders wichtig sind.

Lassen Sie Ihre Ideen einfach auf sich wirken, während Sie über das weite Meer Ihrer Möglichkeiten schauen, hinter dem langsam die Sonne immer höher steigt. Und Sie können Ihren Ausblick mit entspannter Leichtigkeit genießen.

Wenn Sie dann alles gut in sich aufgenommen haben, was Sie

brauchen, können Sie nun das Meer verlassen und sich dem neuen Tag zuwenden. Sie können die schöne Aussicht mit in den Tag nehmen, der sich mit seinen vielen Möglichkeiten vor Ihnen ausbreitet.

Erleben Sie diesen Tag ganz bewusst und stellen Sie ihn unter ein bestimmtes Motto. Was könnte Sie am besten dabei begleiten, all das zu erleben und zu tun oder zu lassen, was Sie an diesem Tag gern möchten? Vieles ist möglich: Es könnte der Tag des Segelns, des Drachenfliegens, des Schwimmens oder des Sonnenbadens werden, vielleicht aber auch der Tag des Leseglücks, der Muße oder des Träumens. Und ganz gleich, was Sie sich von diesem Tag wünschen, formulieren Sie ganz im Stillen ein für Sie passendes Motto dazu!

Und nun beenden Sie diese Übung. Ihre Idee für den Tag können Sie sich auf einen kleinen Zettel aufschreiben. Falten Sie diesen Zettel dann zusammen und stecken Sie ihn in Ihre Hosen- oder Jackentasche. So wird Ihr Motto den ganzen Tag über Ihr guter Wegbegleiter sein und ist immer für Sie real und spürbar.

So eingestimmt, können wir uns weiter mit dem Thema Lebensziele befassen. Was genau sind Lebensziele? Brauchen wir überhaupt Ziele zum Glücklichsein?

Ziele sind eindeutig wichtig. Sie geben unserem Denken und Handeln eine ganz bestimmte Richtung. Zudem legen sie fest, mit welcher Intensität wir uns mit etwas beschäftigen, das uns wichtig ist, und wie lange wir dies tun werden. Wir leben dann nicht mehr nur aus dem Moment heraus und lassen einfach eins auf das andere folgen, wie es sich gerade ergibt. Mit Zielen planen und steuern wir unsere Alltagsaktivitäten und bestimmen selbst, was wir tun wollen. Wir haben dabei auch ein bestimmtes Ergebnis vor Augen und werden uns so lange darum bemühen und immer wieder erneut Energien dafür investieren, bis wir dieses Ergebnis auch erreicht haben. Beispielsweise hat Tina sich zum Ziel gesetzt, ihren nächsten Urlaub in Spanien zu verbringen. Da sie bisher kein Spanisch spricht, will sie dies in einem Volkshochschulkurs lernen.

Ziele sind hilfreich und zugkräftig, aber immer auch risikobelastet. Es kann sein, dass wir unsere Ziele verfehlen oder nicht ganz so verwirklichen können, wie wir es uns gewünscht haben. Ein selbst gesetztes Ziel gibt uns aber immer eine gute Orientierung in unserem Leben. Da ist es dann zunächst nicht so wichtig, ob wir es tatsächlich auch erreichen werden.

Manchmal verfügen wir noch nicht über die nötigen Fähigkeiten, die wir für unsere Ziele benötigen. Unsere Ziele werden uns dann den entscheidenden Anreiz dazu geben, uns diese Fähigkeiten anzueignen. Ziele sind folglich ein wichtiger Wachstums- und Entwicklungsmotor für uns, der uns auf dem Weg zu unserem Glück vorwärts bringt. Bei Tina gab der geplante Urlaub den Anstoß, eine neue Fremdsprache zu lernen. Allerdings konnte sie den Spanischkurs wegen großer beruflicher Belastungen nicht bis zu Ende besuchen. Hatte sie damit ihr Ziel verfehlt? Sie empfand es nicht so, sondern war froh, überhaupt mit dem Spanischlernen begonnen zu haben, und stolz darauf, dass sie nun schon ein bisschen Spanisch beherrschte.

Der Glücksforscher Martin Seligman beginnt seine Zielbestimmung jährlich mit einem Rückblick. Er nimmt sich immer kurz nach Neujahr eine halbe Stunde Zeit und füllt seinen Jahresrückblick aus. Auf seinem Computer hat er die Januar-Retrospektiven der letzten zehn Jahre gespeichert. Sie beziehen sich auf die Bereiche Liebe, Beruf, Finanzen, Freizeit, Freunde, Gesundheit und Produktivität. Jeden dieser Bereiche beurteilt er auf einer Skala von 1 wie »grottenschlecht« bis 10 wie »ideal«. Zusätzlich gibt er noch ein Gesamturteil für das abgelaufene Jahr ab und schreibt ein kurzes Resümee zu jedem Bereich. Außerdem notiert er sich noch Veränderungen, die sich von Jahr zu Jahr in seiner »Lebensbahn« ergeben.

Seligman empfiehlt dieses Vorgehen mit Nachdruck, denn es »nagelt fest«. Es verhindert Selbsttäuschungen und macht kenntlich, wo Handlungsbedarf ist. Man muss sich nur die Frage stellen, ob man zufrieden war und eine Erfüllung der eigenen Wünsche erlebt hat, ob man Wertschätzung erfahren hat, auf etwas stolz sein konnte oder ob man innere Ruhe gefunden hat. Stellt man dann in irgendeinem Bereich fest, dass man unzufrieden mit dem ist, was man im Leben erreicht hat, hat man es meist in der Hand, etwas zu seinem Vorteil zu verändern. Keine Vergangenheit bestimmt unabänderlich die Zukunft. Aber sie leitet uns immer gut bei der Bestimmung unserer neuen Ziele.

Seligman hält es für wichtig, dass man den Blick auf das Gute lenkt, das man in der Vergangenheit erfahren hat. Dadurch intensiviert man seine positiven Erinnerungen, lernt sie mehr zu schätzen und dankbar dafür zu sein. Außerdem empfiehlt er zu üben, sich selbst und anderen zu vergeben. Dadurch entgiftet man die eigene Bitterkeit, die es unmöglich macht, mit sich und der Welt zufrieden zu sein und einen freien Blick für neue Ziele zu haben.

Einen Jahresrückblick auf das Positive des vergangenen Jahres kann man auch in ganz anderer Form vornehmen, als dies Seligman tut. Herr W., begeisterter Hobbyfotograf, legt sich beispielsweise von jedem Jahr ein Fotoalbum an, in dem er alle für ihn wichtigen Ereignisse im Bild festhält. Diese Rückerinnerung anhand von Fotos weckt auf einfache Weise Gefühle und Bedürfnisse, die man vielleicht auch im nächsten Jahr in dieser oder ähnlicher Form gern wieder erleben möchte und um die man sich bewusst bemühen könnte.

Nahe und ferne Ziele

Unsere Ziele können sich auf die unmittelbare Gegenwart oder auch auf die nahe oder fernere Zukunft beziehen. Fernziele bleiben aber möglicherweise nur verheißungsvolle Silberstreifen am Horizont. Betrachten wir uns eine junge Frau, die sich vorgenommen hat, erst dann eine Familie zu gründen, wenn sie die geplante berufliche Karriere gemacht hat. Sie möchte einmal eine eigene Firma leiten. Dieses Ziel könnte durchaus ein ewig währendes Sehnsuchtspotenzial in sich bergen, das nie zu stillen ist. Eine lange und möglicherweise viel zu lange Wegstrecke muss bewältigt werden, mit vielen Klippen und Unabwägbarkeiten und der Ungewissheit, ob sie ihr Fernziel je erreichen wird. Sie muss viele Jahre lang im Auge behalten, was sie erreichen will, warum sie dies will und mit welchen Mitteln es ihr gelingen kann. Sie muss sich auch damit auseinandersetzen, wie sie immer wieder auftretende Zielkonflikte bewältigen will. Und die kommen auf sie zu. Sie trifft den Partner ihres Herzens, was rascher den Wunsch nach einer Familiengründung in ihr weckt, als sie ursprünglich geplant hatte. Das erste Etappenziel hat sie nach einigen Jahren mit ihrem erfolgreichen Berufsabschluss bereits erreicht. Nun soll eine Praktikumszeit folgen, an die sich ein Auslandsaufenthalt anschließen wird. Erst danach kann die Idee der Firmengründung umgesetzt werden, die sie als Endziel für sich angesetzt hat. Mit der sich entwickelnden festen Partnerschaft bahnt sich ein Zielkonflikt an. Der geplante Auslandsaufenthalt fern von dem geliebten Partner verspricht große berufliche Chancen, ist allerdings mit erheblichen Einbußen ihres Wohlbefindens verbunden. Ist es das, was sie tatsächlich will? Nun kommt es darauf an, ob es ihr gelingt, die Prioritäten so zu setzen, dass das eigene Glück nicht darunter leidet. Flexibilität in Denken und Handeln ist gefragt. Neue Zielkoordinaten sind abzustecken.

Große und kleine Ziele

Unsere Ziele können unterschiedlich umfassend und groß sein. Bei der Idee, Opernsängerin, Olympia-Sieger oder Spitzenmanager zu werden, handelt es sich um ganz große Wünsche, die grundlegende Lebensziele markieren. Solche Ziele dominieren die Lebensplanung so sehr, dass daneben kaum noch andere Wünsche realisiert werden können. Der Wunsch, eine Familie mit vielen Kindern zu haben, ist ebenfalls ein großes Lebensziel, lässt aber meist noch genügend Spielraum für eine Reihe anderer Wünsche. Andere Ziele, wie zum Beispiel der Wunsch, den Führerschein zu machen und sich ein Auto zu kaufen oder einen Tanzkurs zu besuchen, um andere Menschen kennenzulernen, sind vergleichsweise überschaubarer und begrenzter. Sie lassen viel Raum für weitere Wünsche und sind zudem leichter zu erreichen.

Gut sind Annäherungsziele, denn in ihnen wird klar und positiv formuliert, was man erreichen möchte: Beispielsweise will Tim seine soziale Kontaktfähigkeit verbessern und einen zugewandten und fairen Umgangsstil bei seinen Berufskollegen pflegen.

In Vermeidungszielen drückt sich dagegen nur aus, was man künftig nicht mehr möchte. Im vorigen Beispiel hieße das, dass Tim nicht mehr so abweisend und unfair sein möchte. Andere Beispiele könnten sein, dass man nicht mehr so träge sein will, dass man die Organisation des Haushalts nicht mehr so sehr vernachlässigen will oder dass man nicht mehr so viel über sich nachgrübeln will. Aber was will man stattdessen? Das bleibt bei Vermeidungszielen unklar. Sie sagen nichts darüber, was man künftig tatsächlich tun will. Vermeidungsziele haben eigentlich eher den Charakter eines Stoppsignals, was sicher wichtig ist. Man will etwas aufgeben, zum Beispiel die eigene Unsicherheit, die Vernachlässigung der Haushaltsorganisation oder das häufige Grübeln. Es steht fest, was man nicht mehr tun will. Man sagt sich: »So nicht mehr!« Aber was will man? Vermeidungsziele enthalten keine zukunftsweisenden Handlungsvorgaben. Sie greifen damit für die Zukunft ins Leere.

Eigene Bedürfnisse befriedigen

Lebensziele beinhalten immer die ganz persönlichen Anliegen eines Menschen. In ihnen drücken sich individuelle Bedürfnisse aus. Kennen wir überhaupt unsere Bedürfnisse gut genug? Wie entstehen sie und um welche kann es gehen?

Einige unserer Bedürfnisse sind angeboren, andere bilden wir unter dem Einfluss unserer Umgebung aus. Weithin bekannt sind die Grundbedürfnisse, wie sie der amerikanische Psychologe Abraham Maslow bereits vor mehr als dreißig Jahren formulierte.[33] In seiner Bedürfnishierarchie siedelt er auf der untersten Ebene physiologische Bedürfnisse wie Essen, Trinken, Schlaf und Sexualität an. Auf der nächsten Ebene Sicherheitsbedürfnisse wie Schutz vor Schmerz, Angst und fehlender Ordnung. Auf der dritten folgen Zugehörigkeitsbedürfnisse wie Geborgenheit, Zärtlichkeit und sozialer Anschluss. Auf der vierten geht es um Bedürfnisse nach Selbstachtung, die Geltung, Zustimmung und Leistung einschließen. Und auf der obersten stehen Bedürfnisse nach Selbstverwirklichung. Zusammengefasst geht es uns im Leben nach der Befriedigung existenzieller Bedürfnisse um Lustgewinn und Unlustvermeidung, um Bindung, Orientierung und Kontrolle sowie um Selbstwerterhöhung und Selbstwertschutz.

Der Psychologe Martin Grosse Holtfort[34] aus der Berner Forschergruppe unterscheidet zwischen Bedürfnissen, die mit sogenannten Annäherungszielen verbunden sind, d. h. sich auf das beziehen, was wir im Leben anstreben, und Bedürfnissen, die mit Vermeidungszielen in Zusammenhang stehen, also darauf abzielen, etwas im Leben zu vermeiden. Die folgenden vierzehn Bedürfnisse beziehen sich auf Annäherungsziele:

- Intimität und Bindung,
- Abwechslung,
- Anschluss und Geselligkeit,
- Altruismus,
- Anerkennung und Bestätigung,
- Selbstvertrauen,
- Status,

- Hilfe,
- Kontrolle,
- Leistung,
- Autonomie,
- Selbstbelohnung,
- Bildung und Verstehen,
- Glauben und Sinn.

Hat man beispielsweise ein Bedürfnis nach Anerkennung, wird man bestrebt sein, seine Lebensziele so auszurichten, dass man möglichst viel Bestätigung erfährt. Hat man ein Bedürfnis nach Intimität und Bindung, bemüht man sich um eine verlässliche Partnerschaft und setzt sich vielleicht zum Ziel, in den nächsten Jahren zu heiraten. Will man seine Bedürfnisse nach Anschluss und Geselligkeit erfüllen, will man vielleicht einem Verein beitreten. Hat man außerdem auch noch altruistische Bedürfnisse, dann kann man sich zum Ziel setzen, in einer internationalen Organisation humanitäre Hilfe zu leisten oder in der Kirchengemeinde mitzuarbeiten. Vielleicht wird auch ein Berufsziel verfolgt, bei dem man sich für Schwächere einsetzen kann. Bei mehreren Bedürfnissen sollten diese möglichst gut miteinander zu vereinbaren sein, sonst gerät man in Konflikte.

All das, was wir aus unserem Leben ausklammern wollen, umschreibt Grosse Holtfort in neun Vermeidungszielen. So möchten wir das Folgende verhindern:

- Alleinsein und Trennung,
- Abhängigkeit/Autonomieverlust,
- persönliche Verletzungen und Spannungen,
- Geringschätzung,
- Versagen,
- Erniedrigung und Blamage,
- Hilflosigkeit,
- Schwäche oder Kontrollverlust,
- Vorwürfe oder Kritik.

Wir werden alles daran setzen, dass all dies nicht eintritt, und bemühen uns, unsere zentralen Bedürfnisse mit der Realität in Einklang zu bringen. Dennoch können manche Bedürfnisse unbefriedigt bleiben, weil unsere gegenwärtigen Lebensbedingungen uns nicht erlauben, sie auszuleben. So können wir beispielsweise vielleicht unsere Beziehungen nicht so gestalten, dass wir die Nähe, den umsorgenden Schutz, die Vielfalt an Kontakten oder die Form von Anerkennung und Wertschätzung erfahren, die wir uns wünschen.

Nach persönlichen Wertvorstellungen leben

Werte, die wir unserem Leben zugrunde legen, sind erlernte Denk- und Handlungsmaximen. Sie bestimmen unsere Lebensziele mit. Wir haben sie von unseren Eltern oder anderen wichtigen Bezugspersonen übernommen, die sie uns vorgelebt haben, oder wir haben sie durch eigene Lebenserfahrungen nach und nach ausgebildet. Es spiegeln sich darin auch immer Erwartungen unserer Umwelt wider, die uns durchaus zur Last werden können, Erwartungen zum Beispiel, was man in einem bestimmten Alter tun oder erreicht haben sollte. Oder was man als Mann leisten kann oder wie man sich als Frau verhalten sollte. Oder wie man sein Leben normalerweise eigentlich »richtig« gestaltet. Nach welchen Wertvorstellungen wir unser Leben ausrichten, wird aber trotz solcher Umwelterwartungen in erster Linie durch uns selbst bestimmt.

Wissen wir, welchen Wertvorstellungen und Idealen wir folgen? Durch gründliches Nachdenken können wir uns unsere Lebensideale zugänglich machen. Es geht dabei um all das, worum wir uns besonders bemühen und was uns am meisten am Herzen liegt. Manche Menschen interessieren sich deshalb für die Todesanzeigen in der Tageszeitung, weil man hier fast immer etwas über die Werte erfährt, die im Leben verwirklicht wurden: Firmen danken für Kompetenz, Weitblick, menschliche Führungsqualitäten, Geradlinigkeit, Pflichtbewusstsein, Zuverlässigkeit, Hilfsbereitschaft oder Menschlichkeit; in privaten Anzeigen geht es vor allem um Liebe, Fürsorge, unermüdlichen Einsatz für die Familie oder unersetzbare Freundschaft. Es sind gelebte Werte, die andere Menschen geschätzt haben. Solche Werte zu verwirklichen kann man sich auch ganz gut für sich selbst vornehmen. Allerdings soll es hier zunächst gar keine Rolle spielen, ob es Werte sind, die auch andere Menschen für wertvoll halten. Wir wollen uns vielmehr in erster Linie damit befassen, welche Werte wir ganz persönlich mit einem erfüllten Leben verbinden und als eine geeignete Orientierung für uns ansehen. Blicken wir deshalb noch einmal auf das Leben zurück, aber diesmal ein wenig anders als bei dem Beispiel mit den Todesanzeigen:

Übung: Ratschläge für ein gutes Leben

Stellen Sie sich vor, dass Sie ein alter Mensch sind, der über reichhaltige Lebenserfahrungen verfügt. Sie sitzen an Ihrem Lieblingsplatz und nun kommt eines Ihrer Enkelkinder oder – sofern Sie keine Enkelkinder haben – ein Kind aus Ihrer Nachbarschaft zu Ihnen. Es möchte von Ihnen wissen, wie es leben muss, wenn es mit seinem Leben zufrieden sein will. Was raten Sie diesem Kind? Worauf legen Sie Wert? Sie müssen sich bei Ihrer Antwort nicht auf die Werte beschränken, die für Sie selbst bisher Geltung hatten. Sie können ruhig von Idealvorstellungen eines gut gelebten Lebens ausgehen. Denken Sie ein wenig nach und formulieren Sie dann Ihre Ratschläge, die Sie erteilen würden: Ich würde dir raten ...

Wahrscheinlich sind Ihnen Ihre persönlichen Wertvorstellungen – seien es christliche oder allgemein ethische Lebensprinzipien – bei dieser kleinen Imaginationsübung schon etwas bewusster geworden. Die folgenden Fragen können das Nachdenken über persönliche Werte noch ein wenig vertiefen:[35]

Übung: Alles ist möglich

Stellen Sie sich vor, Sie sind für die Zeit dieser Befragung in einer Welt, in der alles möglich ist. Sie können deshalb alles denken und Ihren Wünschen freien Lauf lassen.

Gehen Sie nun mit dieser Einstellung, dass alles möglich ist, die unten aufgeführten Bereiche des Lebens durch. Für Ihre Antwort gibt es kein »richtig« oder »falsch«, sondern es geht um Ihre ganz persönlichen Vorstellungen, an denen Sie Ihr Leben ausrichten. Am besten notieren Sie sich Ihre Antworten mit einigen Stichworten, damit Sie später damit weiterarbeiten können.

- *Liebe/Partnerschaft:*
  Wie würden Sie gern Ihre Liebe zum Ausdruck bringen?
  Was ist Ihnen in Ehe oder Partnerschaft wichtig?

- *Familie:*
  Welche Eigenschaften möchten Sie als Schwester oder Bruder, Tochter oder Sohn, Mutter oder Vater gern haben?
  Wie würden Sie Ihre Familienmitglieder behandeln, wenn Sie ein ganz idealer Mensch wären?
- *Freunde/Bekannte:*
  Was bedeutet es für Sie, eine gute Freundin oder ein guter Freund zu sein?
  Wie sieht für Sie eine ideale Freundschaft aus?
- *Beruf/Arbeit:*
  Welche Arbeit spricht Sie besonders an?
  Wie möchten Sie gern als Mitarbeiterin oder Mitarbeiter sein? Betrachten Sie dabei Ihren Umgang mit Kolleginnen/Kollegen und mit Ihrer Chefin/Ihrem Chef.
- *Freizeit/Erholung:*
  Welcher Freizeitbeschäftigung möchten Sie am liebsten nachgehen?
  Wie würden Sie sich am liebsten erholen?
- *Persönliche Entwicklung/Bildung/Ausbildung:*
  In welchen Bereichen würden Sie sich gern weiterbilden?
  Welche Ausbildung würden Sie gern machen, und was spricht Sie dabei besonders an?
- *Gesundheit/körperliches Wohlergehen:*
  Was ist Ihnen bezüglich des Erhalts Ihrer Gesundheit wichtig? Beachten Sie dabei Schlaf, Ernährung, Sport/Bewegung, Alkohol, Rauchen und dergleichen.
- *Öffentliches Leben:*
  Was ist Ihnen in Bezug auf Ihre Rolle als Bürgerin/Bürger wichtig?
  Wie möchten Sie sich gern im öffentlichen Leben einbringen? Denken Sie dabei zum Beispiel an Vereine, kirchliche Einrichtungen, politische Organisationen, Naturschutz oder Ähnliches und beschreiben Sie, warum Sie sich hier gern engagieren würden.

Wenn Sie herausgefunden haben, worauf Sie in den einzelnen Lebensbereichen besonderen Wert legen und welche Lebensbereiche für Sie besonders wichtig sind, fragen Sie sich nun, wie Sie diese Werte in Ihren wichtigsten Lebensbereichen verwirklichen könnten. Entwickeln Sie erste Ideen dazu.

Werte, die uns bewusst sind, wie zum Beispiel Ehrlichkeit oder Menschlichkeit, können wir dann zur Richtschnur unseres Handelns wählen. Indem wir uns Ziele vornehmen und unsere persönlichen Stärken entfalten, mit denen wir unsere Werte verwirklichen, nehmen wir gezielt Einfluss auf unser Lebensglück. Mit der Vielfalt der persönlichen Stärken werden wir uns später noch ausführlicher beschäftigen. Zunächst soll es noch weiter um unsere Ziele gehen.

Die eigene Energie zentrieren

Wie müssen Ziele formuliert sein, damit sie uns eine wirklich hilfreiche Orientierung bieten können? Es sollten immer möglichst konkrete Ziele sein. Will man »beruflich vorankommen«, dann bleibt das Ziel in dieser Formulierung zu unpräzise. Denn was heißt »vorankommen«? Klarer wäre es formuliert und damit zur eigenen Orientierung brauchbarer, wenn es beispielsweise lauten würde: »Ich will einen Computerkurs besuchen, in dem ich die Power-Point-Präsentation erlernen kann.«

Optimal sind Ziele dann formuliert, wenn in ihnen zum Ausdruck kommt, was man wann, wo, wie tun will. Und es sollten Kriterien festgelegt werden, aus denen man ersehen kann, ob man sein Ziel in gewünschter Weise erreicht hat. Ein Beispiel: Einer meiner Patienten klagte immer wieder über körperliche Beschwerden und Ängste vor Krankheiten, hatte aber den großen Wunsch, in die Karibik zu reisen. Das ist ein klares Ziel, aber es erscheint ihm unerreichbar. Es gelingt ihm nicht, es als ein Annäherungsziel zu formulieren, nämlich zu sagen: »Ich will im Frühjahr in der Karibik Urlaub machen.« Seine Ängste und Krankheitssorgen blockieren ihn so sehr, dass nur er ein Vermeidungsziel formulieren kann: »Ich will meine Ängste loswerden, um reisen zu können.« *Was* genau will er? Er möchte künftig keine Krankheitsängste haben und sich nicht mehr übertriebene Sorgen über seine Gesundheit machen. *Wann* will er dies erreichen? Möglichst sofort. *Wo*, für welchen Lebensbereich ist dieses Ziel wichtig? Besonders für seinen Urlaub scheint es ihm unumgänglich. *Wie* will er dies erreichen? *Welche Mittel* werden ihm sein Ziel näherbringen? In einer Psychotherapie, die er begonnen hat, will er daran arbeiten. Dort will er lernen, sich nicht mehr zu ängstigen, um dann eine Fernreise machen zu können. Was erwartet er als Ergebnis? Woran kann er feststellen, ob er sein Ziel erreicht hat? Für ihn besteht das Ergebnis zunächst ganz eindeutig darin, dass er keine Ängste mehr spüren will. Nur angst- und sorgenfrei kann er seiner Ansicht nach reisen.

Könnte er vielleicht auch ein anderes Ergebnis in Betracht ziehen? Kein Leben ist jemals völlig angstfrei. Demnach wäre es gut, er könnte sich darauf einlassen, dass er lernen will, seine Ängste und Sorgen besser zu regulieren, eine größere Risikofreudigkeit zu entfalten oder eine größere Spannungstoleranz zu entwickeln, womit er auch dann reisen könnte, wenn immer wieder einmal Ängste auftreten. Wäre auch dieses Ergebnis für ihn eines, bei dem er sein Ziel als erreicht betrachten könnte? Wenn dies so wäre, würde damit sein Urlaubsziel näher rücken und nicht mehr nur eine illusionäre Vorstellung bleiben. *Was* könnte er nun als Nächstes tun? Er könnte sich vornehmen, einen Reiseführer zu kaufen. *Wann?* Ohne weiteren Aufschub, schon am nächsten Tag. *Wo?* In der Buchhandlung seines Wohnortes. *Wie* käme er dadurch seinem Ziel näher? Er würde motivierende Vorfreude für sein Urlaubziel entwickeln, die ihn ermutigt, Neues zu wagen. Ein immer konkreter werdendes Urlaubsziel könnte ihn schließlich so locken, dass er eine größere Bereitschaft entwickelt, die Risiken in Kauf zu nehmen, die mit jeder Urlaubsreise verbunden sind. Sein Leben käme damit in neuer Weise in Bewegung und verliefe etwas mehr in die gewünschte Richtung.

Ziele, ganz gleich welcher Art, zentrieren die eigene Energie. Sie legen letztlich fest, was in erster Linie wichtig ist und was nachrangige Bedeutung hat. Gibt es mehrere Ziele, muss eine Zielhierarchie erstellt werden, die festlegt, was zuerst ins Auge gefasst werden soll und was danach angestrebt wird. Zusätzliche Unterziele oder Zwischenziele geben dem eigenen Denken und der Organisation des Alltags Struktur und bündeln die eigenen Kräfte. Solche Unter- oder Zwischenziele sind deshalb wichtig, weil man bei längerfristigen Vorhaben dann zwischendurch schon immer wieder einmal stolz sagen kann: »Bis hierher habe ich es geschafft!« Man kann auf diese Weise schrittweise vorgehen und sich seine Kräfte besser einteilen. Damit erhöht sich die Chance, dass man sein vorgenommenes Endziel auch tatsächlich erreicht.

Ein anderes Beispiel: Eine berufstätige Mutter hat sich für das neue

Jahr zum Ziel gesetzt, sich beruflich weiterzuentwickeln, um künftig als Sachbearbeiterin in ihrer Abteilung tätig sein zu können. Ein weiteres Ziel besteht darin, dass sie mehr Zeit für ihre beiden kleinen Kinder haben möchte. Ein drittes Ziel besteht darin, dass sie wieder öfter ins Konzert und ins Kino gehen will, und als viertes Ziel hat sie ins Auge gefasst, mehr für ihre körperliche Fitness zu tun. Grundsätzlich sind alle vier Ziele realitätsgerecht und damit umsetzbar. Es sieht nicht so aus, dass zwischen den vier Zielen ernstliche Zielkonflikte entstehen könnten, weil eines der Ziele oder mehrere stark miteinander konkurrieren. Alle vier Ziele sind als Annäherungsziele formuliert und geben damit eine klare Richtung für die Zukunft vor.

Aber es sind vier Ziele, die alle viel Zeit beanspruchen. Wie sind sie zeitlich unter einen Hut zu bekommen? Ist es sinnvoll und realisierbar, dass alle vier Ziele gleichzeitig angesteuert werden? Dann müsste ein gut durchstrukturierter Handlungsplan entwickelt werden, der zum Beispiel an einem Tag der Woche berufliche Fortbildung, am nächsten einen Kino- oder Theaterabend, am dritten ein Fitnessprogramm vorsieht und zum Beispiel das Wochenende ausschließlich für die Beschäftigung mit den Kindern freihält.

Könnte man die vier Ziele vielleicht auch sukzessive angehen? Dann müssen Prioritäten gesetzt werden. Was ist am wichtigsten, worauf könnte notfalls erst einmal verzichtet werden, um es zu einem späteren Zeitpunkt umzusetzen? Nimmt man keine rechtzeitige Abwägung oder Reihung der eigenen Ziele vor, gerät man in Zwiespalt. Stress kommt auf und Unzufriedenheit ist vorprogrammiert. Alles dies wäre nicht zielführend. Einmal gesetzte Ziele aufzugeben fällt den meisten Menschen schwer. Oft hat man schon viel investiert. Dennoch kann es manchmal auch ratsam oder notwendig sein, umzudenken und völlig neue Ziele anzusteuern.

Glücksimpulse durch Ziele

Schon die Zielformulierung als solche hat bereits einen positiven Effekt auf das Wohlbefinden. Jedes Ziel, das dann tatsächlich erreicht wird, steigert Glück und Zufriedenheit noch einmal mehr. Denn mit dem Erreichen von Zielen steigen Selbstbewusstsein und Selbstwert. Man fühlt sich gut oder jedenfalls besser als zuvor.

Gibt es Ziele, die in besonderer Weise glücksfördernd sind? Der amerikanische Forscher Robert Emmons zählt drei Zielbereiche auf, für die dies in besonderem Maße gilt.[36] Es sind solche Ziele, die den Wunsch nach nahen, wechselseitig getragenen Bindungen beinhalten. Dazu gehören zum Beispiel als Unterziele, andere Menschen so zu akzeptieren, wie sie sind, ein aufmerksamer, mitfühlender Zuhörer zu sein, stärker als bisher Sympathie zu bekunden oder Freunden zu helfen.

Es sind auch solche Ziele, bei denen es um das Bedürfnis oder die Verpflichtung geht, Werte weiterzugeben. Hier geht es um Ziele, bei denen die Sorge um die zukünftige Generation eine Rolle spielt. Beispielsweise kann man sich vornehmen, für die Geschwister, für die eigenen Kinder oder für jüngere Kollegen ein gutes Vorbild zu sein. Oder man kann sich als nützliches Mitglied der Gesellschaft betätigen, einer Partei beitreten, eine ehrenamtliche Tätigkeit übernehmen oder in einem internationalen Service-Club wie dem Lions-Club, Zonta oder dergleichen aktiv werden. Immer dann, wenn man beabsichtigt, anderen Menschen Gutes zu tun und sie zu unterstützen, erhöht man mit diesen altruistischen Zielen die Chancen für das eigene Glück. Im Anstreben und Erreichen solcher Ziele kann man das eigene Leben als wertvoller erleben. Man beurteilt sich selbst positiver, man lenkt sich aber auch von eigenen Beeinträchtigungen ab und vor allem verbessert man die eigene soziale Integration. Das sind Effekte, die sich in erstaunlich großem Maße glücksfördernd auswirken.

Schließlich geht es auch um den Wunsch, sich als Teil eines größeren Ganzen zu erleben. Man möchte die Beziehung zu Gott vertiefen oder der Schöpfung in irgendeiner Form Wertschätzung entgegenbringen. Auch gelebte Lebensweisheit wird als glückbringend empfunden, und zwar in dem Sinne, dass ein lebenskluger Mensch weiß, welche Ziele letztlich erreichbar sind, und dass deren Verwirklichung nicht nur eine Illusion ist.

Es empfiehlt sich daher, bei der Wahl von Zielen sorgfältig zu sein, damit sie sich wirklich positiv auf das eigene Wohlbefinden auswirken. Beziehen sich die gewählten Ziele vor allem auf äußere Anreize wie Geld, soziale Anerkennung oder die eigene Attraktivität, dann ist dies dem eigenen Glück teilweise sogar eher abträglich, wie die beiden amerikanischen Forscher Tim Kasser und Richard Ryan feststellten.[37] Geht es dagegen um immaterielle Ziele, die uns erleben lassen, dass wir uns mit anderen Menschen verbunden fühlen oder die der Gesellschaft dienen, dann resultiert daraus eindeutig Glück und ein gesteigertes Wohlbefinden.

Es mag zwar wie ein Umweg zum Glück erscheinen, aber gerade das anstrengende Engagement für eigene Ziele und das Bemühen, diese auch zu erreichen, ist ein guter Weg zu einem erfüllten Leben, das nachhaltig glücklich und zufrieden macht. Es hängt jedoch von der Art der persönlichen Ziele ab, wie Menschen sich entwickeln, welches Selbstverständnis sie von sich haben und welche Selbstachtung daraus resultiert.

Der Nachteil von Ziellosigkeit

Steckt man sich keine persönlichen Ziele, werden die eigenen Glücksmöglichkeiten nicht voll ausgeschöpft. Erst persönliche Ziele verleihen dem eigenen Leben einen besonderen Sinn. Man kann sich dann als ein Mensch erleben, der sich für etwas ganz Bestimmtes einsetzt. Das eigene Selbstbild erhält dadurch Farbe und Struktur. Indem zum Beispiel ein junger Mensch dem Jugendrotkreuz oder den Pfadfindern beitritt, kommt er nicht nur in Kontakt mit Gleichaltrigen, sondern er erwirbt ganz spezifische Kenntnisse und Fähigkeiten. Humanitäre Ziele erschließen sich, die bei einer andersartigen Freizeitgestaltung nie in Betracht gezogen worden wären. Bereits frühzeitig wird eine bewusste Verantwortung für andere Menschen geweckt, aus der sich neue Ziele ableiten. Gleichzeitig stellen sich immer auch neue Herausforderungen, bei denen die eigenen Fähigkeiten zum Einsatz kommen und sich auch ganz neue Kräfte entfalten können.

Warum entwickeln manche Menschen keine eigenen Ziele? Was hält sie davon ab? Die Bedeutung eigener Ziele liegt auf der Hand, aber wir haben vielleicht nie gelernt, wie und wo wir unsere Ziele suchen können. Wir müssen uns mit uns selbst beschäftigen, um dies herauszufinden. Neben Familie, Partnerschaft, Freundeskreis, Beruf und Freizeit können es auch Aspekte der persönlichen Weiterentwicklung sein, die als Zielpunkte in Frage kommen. Zum Beispiel kann es die eigene Selbstsicherheit, das persönliche Kommunikationsverhalten, die Selbstachtung, die eigene Stressbewältigung oder die Selbstfürsorge sein. Welche Vorstellungen hat man davon, wie man in fünf Jahren leben will und wer man überhaupt sein möchte? Auf was möchte man zurückblicken und auf was stolz sein, wenn man als alter Mensch sein Leben Revue passieren lässt?

Überlegungen dieser Art können gut dazu anregen, Ziele für die eigene Zukunft zu entwickeln.

Zielkonflikte

Vielleicht gibt es aber auch starke Entscheidungskonflikte, die eine Festlegung auf bestimmte Ziele verhindern. Immer wenn es zwei gleich attraktive Ziele gibt, von denen nur eines umgesetzt werden kann, wird es schwierig. Eine Frau grübelt beispielsweise darüber nach, ob sie ihre Ehe fortsetzen oder sich scheiden lassen soll. Ein Mann überlegt, ob er seinen jetzigen Beruf, der ihm sehr viel Spaß macht, aber mit einem weiten Anfahrtsweg verbunden ist, beibehalten soll, oder ob er sich in der Nähe eine neue Stelle suchen soll, die jedoch möglicherweise weniger befriedigend ist. Rationale Argumente allein bringen in solchen Fällen oft keine Lösung. Vielmehr muss herausgefunden werden, welchen emotionalen Gehalt die jeweiligen Ziele in sich bergen.

Der Bochumer Verhaltenstherapeut Hans-Christian Kossak[38] schlägt eine Imaginationsübung vor: Es geht darum, die »Straße der Entscheidung« entlangzugehen. Man stellt sich vor, dass man bis zu einer Weggabelung geht, die sich beim ersten Beispiel in die Straße »Ehe« und in die Straße »Trennung« verzweigt. Hier muss man sich nun entscheiden, welchen Wege man gehen will, und einen der beiden einschlagen. Nehmen wir an, die Entscheidung ist für »Trennung« gefallen. Man stellt sich vor, dass man diesen Weg eine Reihe von Jahren geht. Dann zieht man Bilanz. Das geht folgendermaßen: Man stellt sich vor, dass man morgens erwacht, in den Spiegel schaut und sich als älter gewordener Mensch wahrnimmt. Nun erlebt man den Ablauf eines ganzen Tages in der Situation des »Getrenntlebens«, für dessen Weg man sich entschieden hat. Dann stellt man sich vor, wie man abends wieder in den Spiegel schaut, und spürt aufmerksam allen Gefühlen nach, die mit diesem Tagesablauf verbunden sind. Anschließend geht man in Gedanken zurück zur Weggabelung und wählt nun den Weg der anderen Alternative. Jetzt erlebt man in seiner Vorstellung den Tagesablauf von »Ehe«. Wiederum schaut man abends in den Spiegel und lässt dann die Gefühle, die mit diesem Tag verbunden sind, auf sich wirken. Und danach geht es dann noch einmal zurück zur Weggabelung. Nun soll man seine Gefühle für den ersten und den zweiten Weg noch einmal sehr deutlich wahrnehmen und sich das eigene Erleben sehr plastisch veranschaulichen. Die meisten Menschen können jetzt rasch die Vor- und Nachteile der beiden Alternative benennen und sich viel leichter für jenes Ziel entscheiden, das sie als tragfähiger erlebt haben. Warum ist dies so? Durch die Imagination wurden auch ihre Ängste, Wünsche und Sehnsüchte aktualisiert, welche eine Entscheidung ermöglichen, die auch von ihren Gefühlen mitgeprägt ist.

Unrealistische Langzeitziele

Neben Zielkonflikten können auch unrealistische Langzeitziele verhindern, dass ein Mensch seine Potenziale angemessen entfaltet. Realistische Nahziele wären besser. Zum Beispiel hat sich ein Mann vorgenommen, seine berufliche Laufbahn bis zu einer Spitzenposition zu bringen. Obgleich nicht absehbar ist, dass ihm dies so gelingen wird, wie er es sich aufgrund seiner extrem hohen Ansprüche vorstellt, korrigiert er seine Zielvorstellungen nicht. Auch dann nicht, als bereits ein Scheitern absehbar ist. Vielmehr investiert er weiterhin stur all seine Kräfte in seinen Beruf, gönnt sich keine Freizeit und stellt alles Vergnügliche in seinem Leben zurück. Mit einer festen Partnerschaft will er sich erst befassen, wenn er sein Karriereziel erreicht hat. Dann kann es aber zu spät dafür sein.

Aufgrund seines völlig überhöhten Langzeitziels blockiert er sich in seiner Gegenwart und nimmt sich alle Chancen für ein glücklicheres Leben. Hätte er mehr Kontakt zu Freunden oder eine verlässliche Partnerschaft, würden ihn diese Menschen vermutlich korrigieren, und ihre anderen Einschätzungen würden sein Verhalten flexibler machen. Doch da es keine wohlwollenden Ratgeber um ihn herum gibt und er die Aussichtslosigkeit seiner Bemühungen nicht einsieht, steuert er auf ein unerfreuliches Misslingen zu. Sein Unglück ist vorprogrammiert.

Wirkungsvolle Startsignale

Mitunter sind die persönlichen Ziele zwar realistisch, aber die konkrete Umsetzung lässt auf sich warten. Es fehlt einfach die nötige Motivation, einen Startpunkt zu setzen und dann auch loszuspurten.

Manchmal fehlt uns hier einfach nur eine ganz klare Anweisung an uns selbst, die einfach lautet »Jetzt fange ich an!«. Und mit diesem festen

Entschluss und der klaren Selbstinstruktion, »jetzt anzufangen«, bewegt man sich dann tatsächlich auch in Richtung des neuen Ziels. Bemerken wir dann auf dem Weg, dass bestimmte Fähigkeiten, die wir zur Realisierung des gewünschten Ziels benötigen, nicht genügend ausgebildet sind, tragen kleine Anfangserfolge vielleicht positiv dazu bei, dass wir uns darum bemühen, diese fehlenden Fähigkeiten nach und nach zu erwerben.

Über die eigenen Ziele zum Glück

Zu einer engagierten Lebensführung gehört es unausweichlich, Ziele anzustreben. Erreichen wir, was wir angestrebt haben, bringt uns das echte, ganz authentische Gefühle von Zufriedenheit und Glück. Ob wir unsere Ziele aber erreichen, hängt nicht nur davon ab, dass wir sie auch tatsächlich beharrlich verfolgen, sondern auch davon, ob wir die Fähigkeiten trainiert haben, die wir dazu brauchen, und ob wir unsere eigenen Stärken gut kennen und nutzen.

Eine junge Frau möchte nach Abschluss ihrer Lehre als Friseurin noch ihre Meisterprüfung machen und dann einen eigenen Frisiersalon eröffnen. In ihrer Vorfreude entwickelt sie schließlich immer genauere Vorstellungen, wie ihr dieser Plan gelingen kann. Der erste Schritt ist abgeschlossen. Sie hat ihre Meisterprüfung gut bestanden. Nun können ihre Pläne für ihre Selbstständigkeit realisiert werden. Da sie über gutes Organisationstalent und ausgeprägte Fähigkeiten zu eigenständigem Handeln verfügt, gelingt es ihr rasch, geeignete Räume anzumieten, die ihr bezahlbar erscheinen. Als besondere Stärken bringt sie für ihr neues Lebensziel ihre Menschenfreundlichkeit, ihre gute Selbstkontrolle und ihre große Durchhaltekraft mit. Diese Stärken verleihen ihr Schwung und Kraft für das Leben, das sie sich für die Zukunft vorstellt. Sie hat den Mut, einen eigenständigen Weg zu gehen, und nimmt mögliche Risiken optimistisch auf sich. Sie ist zudem lebensklug genug, bei der Gesamtplanung ihres Frisiersalons ihre finanziellen und persönlichen Möglichkeiten in realistischer Weise zu berücksichtigen.

Die wissenschaftliche Forschung hat gezeigt, dass es Menschen leichter fällt, herausfordernde Lebensziele zu entwickeln und in ihrem Alltag anzustreben, wenn sie sich ihrer persönlichen Stärken bewusst sind. Dies ist im beschriebenen Beispiel der jungen Frau der Fall. Ist man sich der eigenen Stärken weniger gut bewusst und deshalb weniger mutig, kann dies nach und nach erlernt werden.

Beflügelt uns nun bereits das Planen von Zielen oder verbessert sich unser Wohlbefinden erst dann, wenn das gesetzte Ziel erreicht ist? Ein junger Mann spricht zum Beispiel davon, dass er in nächster Zeit heiraten will. Dies ist ein klar formuliertes Ziel. Seine Pläne zur Verwirklichung dieses Ziels sind aber noch etwas vage. Wann wird er heiraten? Den genauen Zeitpunkt hat er noch nicht festgelegt, und vor allem ist ihm noch nicht klar, ob seine derzeitige Freundin wirklich die Frau seines Lebens ist. Zumindest wird ihn sein Ziel aber dazu anhalten, nach der geeigneten Partnerin Ausschau zu halten. Vielleicht wird er auch schon ein bisschen für das spätere gemeinsame Leben sparen und einen Bausparvertrag in Betracht ziehen. Sein weiteres Ziel ist nämlich, dass er einmal ein eigenes Haus bewohnen möchte. Mit solchen Zielen vor Augen, auch wenn sie in einigen Punkten noch unpräzise sind, zeigen sich bereits die ersten positiven Auswirkungen auf sein Leben.

Ziele, und seien sie auch noch so vage, strukturieren das Leben und vermitteln Sinn, wodurch bereits eine positive Wirkung auf das eigene Wohlbefinden erzeugt wird. Werden die gesetzten Ziele dann auch tatsächlich erreicht, trägt dies außerdem noch dazu bei, dass wir uns selbst als handlungsfähig und wirksam erleben. Unsere Lebenszufriedenheit wird dadurch nachhaltig verbessert. Wir sind glücklicher.

Mit den eigenen Stärken zum Glück

Ein beispielhaft authentisches Leben

Schon bei Kindern kann man tiefgehende Interessen entdecken, aus denen bei guter Förderung persönliche Stärken erwachsen, die ein glückliches Leben ermöglichen. Die englische Ethnologin Jane Goodall ist ein gutes Beispiel dafür. Zu ihren Lebenseinsichten befragt, konnte Marie-Luise von der Leyen, ehemalige Redakteurin des *Stern* und Kulturchefin der Zeitschrift *Vogue*, Folgendes von ihr erfahren:

> »Von klein auf war ich äußerst interessiert an allem, was lebendig war [...]. Meine Mutter unterstützte dieses Interesse. Dabei lehrte sie mich von Anfang an, Tiere als Lebewesen zu achten, indem sie mir geduldig erklärte, dass Schnecken auf dem Fußboden meines Kinderzimmers ebenso wenig überleben könnten wie Regenwürmer in meinem Bett. Worauf ich meine Studienobjekte wieder in den Garten zurückbrachte. Als ich dann lesen konnte, las ich alles über Tiere, was ich in die Finger bekam. Es war mein Traum, später mit wilden Tieren zu arbeiten. Ich wollte sie verstehen. Wollte wissen, wer sie waren und wie sie lebten. Alle haben mich ausgelacht, nur nicht meine Mutter. Sie sagte: ›Jane, wenn du es wirklich willst, lass dich nicht beirren, arbeite daran und gib nicht auf.‹ Sie hat mich dazu erzogen, an mich selbst zu glauben und beharrlich zu sein.«[39]

Jane Goodall ist die bedeutendste Schimpansen-Forscherin der Welt geworden. Sie ist eine außergewöhnlicher Person und damit ein Vorbild besonderer Art. Aus ihrer Altersweisheit, die sie uns im Rückblick auf ihr Leben mitteilt, lässt sich etwas Allgemeingültiges ableiten. Wir sehen, was im Leben besonders wichtig sein kann und die eigene Lebensenergie und Lebensfreude antreibt. Wir können nachvollziehen, was Menschen glücklich und zufrieden macht.

Bei Jane Goodall zeichnete sich nicht nur bereits früh ihre große Neugierde für die Tierwelt ab, sie bildete auch schon bald die Fähigkeit aus, Visionen für die Zukunft zu entwickeln, die sie beflügelten. Sie besaß aber auch genügend Beharrlichkeit, diese Visionen zur Realität werden zu lassen. Förderlich war, dass ihre Mutter diese kindlichen Träume nicht zerstörte, sondern sehr achtsam respektierte. Sie hatte Zutrauen zu ihrer Tochter und keinerlei Zweifel, dass sie ihre Träume verwirklichen könnte. Sie unterstützte ihren großen Lerneifer von Anfang an immer sehr verständnisvoll.

Viele Jahre später, als Jane Goodall bereits eine berühmte Verhaltensforscherin war, kam sie auf einer Tagung durch einen wissenschaftlichen Vortrag über Tierschutz sehr ins Grübeln. Dieser Vortrag in Chicago, bei dem es um das das Verstehen der Schimpansen ging, erschütterte sie, denn er führte ihr die Grausamkeiten vor Augen, denen Schimpansen im Labor und teilweise auch im Zirkus ausgesetzt waren – viel deutlicher, als sie das zuvor je wahrgenommen hatte. Es führte dazu, dass sich ihr Leben von einem auf den anderen Tag veränderte und dass sie eine neue Form der Verantwortlichkeit spürte:

»Ich war als Wissenschaftlerin gekommen – und reiste als Aktivistin wieder ab. [...] Ich hatte plötzlich verstanden, dass wir trotz unseres hoch entwickelten Geistes unsere Verantwortung für andere Lebewesen und ihre Umwelt, unsere gemeinsame Erde, vernachlässigen und im Begriff sind, durch unser gedankenloses Verhalten die Welt zu zerstören. [...] Ich dachte an meine drei Enkel und daran, welche kaputte Welt ich ihnen hinterlassen würde, und ich fragte mich: ›Was kann ich nur tun?‹ Das einzige war, meine Fähigkeit zur Kommunikation zu nutzen und mit möglichst vielen Menschen zu sprechen, damit sie die bedrohliche Lage verstehen und ihr Verhalten ändern würden. Es war mir klar, dass ich dafür meine Forschung aufgeben müsste.«[40]

Jane Goodall gab ihre bisherige Forschung auf und entschloss sich, ihre Kenntnisse und Fähigkeiten in die Arbeit von UNO und Umweltschutz-Organisationen einzubringen. Bei Vorträgen in der ganzen Welt berichtet sie nun über Umweltschäden und versucht, Menschen für all jene Entscheidungen zu sensibilisieren, die gefährliche Konsequenzen für unsere Umwelt haben. Der inzwischen 72-Jährigen ist es in ihren Vorlesungen und Vorträgen immer noch ein zentrales Anliegen, bei ihren Zuhörern

Interesse für umweltbewusstes Verhalten zu wecken. Insbesondere Jugendliche liegen ihr dabei sehr am Herzen. Sie sind ihre große Hoffnung. Ihnen möchte sie beibringen, dass sie nicht nur hohe Ansprüche an ein komfortables Leben haben können. Sie möchte die Jugend wachrütteln und dazu aufrufen, ihr eher antriebsloses und vielfach keineswegs glückliches Leben aufzugeben und stattdessen etwas zu tun, das ihr Leben zum Besseren ändert.

Geschehen kann dies bereits durch sensibles Mitdenken, vor allem aber durch engagiertes Handeln, wie dies zum Beispiel im Rahmen von ehrenamtlicher Hilfe im Tier- und Umweltschutz möglich ist. Entschlossen gründete Jane Goodall eine Organisation, die sich *Roots and Shoots* nennt. In ihr haben sich mehr als 200 000 Schülerinnen und Schüler sowie Studierende aus über neunzig Ländern der Welt zusammengeschlossen, um in ihren Heimatgemeinden ehrenamtliche Hilfe im Tier- und Umweltschutz zu leisten. Auf diese Jugendlichen setzt sie ihre große Hoffnung für die Zukunft der Welt.

Jane Goodall sieht das Glück ihres Lebens als einen unendlichen Reichtum an. Dass diese Forscherin ein erfülltes Leben führt, ist unverkennbar. Sie hat von klein auf ihre persönlichen Stärken genutzt und immer weiter gepflegt. Im Rückblick sind aus ihrer Sicht für sie vor allem Offenheit und Mut, Menschlichkeit mit viel Mitgefühl, Verständnis und Toleranz für andere, aber auch eine überzeugende Authentizität wichtig gewesen. Diese persönlichen Eigenschaften und Werte hat sie zielstrebig in ihrem Leben verwirklicht und bringt sie auch weiterhin unermüdlich zum Einsatz. Sie geht ganz in ihren Tätigkeiten auf, erlebt Zufriedenheit und Sinn, sieht aber auch immer wieder neue Herausforderungen, die sie ohne Zögern als neue Chancen zur Lebensgestaltung ergreift. Es gibt auch etwas, von dem sie sagt, dass das Leben es ihr »*geschenkt*« hat: Glück und wunderbare Begegnungen mit anderen Menschen. Ihr Leben illustriert damit die drei Wege zum Glück, um die es in diesem Buch geht, nämlich den Weg des vergnüglichen Lebens, den des engagierten Lebens und den des sinnbestimmten Lebens, der von den eigenen Stärken geprägt ist.

Kommen eigene Stärken zum Einsatz, dann werden ganz andere Erfahrungen möglich, als dies bei rein vergnüglichem Glück der Fall ist. Es geht um absichtsvolles Handeln, das von persönlichen Wertvorstellungen bestimmt ist. Man möchte zum Beispiel gerecht sein, man möchte

sich großzügig verhalten oder man möchte seine Dankbarkeit ausdrücken. Ein solches durch Werte und persönliche Stärken geprägtes Handeln ist immer mit einem ganz besonderen Sinnerleben verbunden und
ruft eine Form des Glücks hervor, die Martin Seligman als »*authentisches
Glück*« bezeichnet. Dieses Glück findet sich vor allem bei solchen Menschen, die sich ein Ziel gesetzt haben, das über sie selbst hinausweist. Mit
persönlichen Stärken werden wir uns nun noch ausführlicher beschäftigen.

Auf das Positive blicken

Den Anstoß für die intensive Beschäftigung mit Stärken und Tugenden gab die Mayerson Foundation, nachdem der Vorstand dieser amerikanischen Stiftung, Neal Mayerson, einen Artikel von Martin Seligman
gelesen hatte. Der ursprünglich als Depressionsforscher international
bekannt gewordene Professor hatte als Präsident der Amerikanischen
Psychologenvereinigung (APA) im Jahr 2000 den verheißungsvollen Begriff *Positive Psychologie* und später auch *Positive Psychotherapie* geprägt.
Er wollte damit hervorheben, was in der klinischen Psychologie und Psychotherapie bis dahin viel zu wenig, wenn überhaupt, ins Auge gefasst
und erforscht worden war. Bisher hatte man sich nämlich nahezu ausschließlich mit psychischen Störungen befasst und Defizite und Probleme in den Blick genommen, den gesunden psychischen Anteilen von
Menschen aber kaum Beachtung geschenkt. Seligman propagierte deshalb für die Forschung und für die psychotherapeutische Behandlung
sehr vehement den neuen Blick auf das Positive. Es sollte jetzt mehr um
die Erforschung von Glück, psychischer Gesundheit, Widerstandskräften,
Hoffnung und Optimismus sowie um menschliche Ressourcen und Stärken gehen.

Ein an Werten orientiertes Wohlbefinden und Glück

Dieser neue Blick auf das Positive hatte Neal Mayerson dazu inspiriert,
ein Projekt für amerikanische Jugendliche zu finanzieren, das sie cha-
rakterlich festigen und ihre psychische Entwicklung fördern sollte. Er
konnte Seligman dafür gewinnen, der zusammen mit Christopher Peter-

son von der Universität von Michigan zunächst die grundlegenden religiösen und moralphilosophischen Schriften sichtete, um herauszufinden, was allgemeingültige Tugenden sind, die Jugendlichen vermittelt werden könnten.[41] Der Begriff »Tugend« *(virtue)* klingt etwas verstaubt, wurde aber in der amerikanischen Forschung zur positiven Entwicklung von Jugendlichen ganz bewusst wiederbelebt, denn es sollte um ein *werteorientiertes* Wohlbefinden gehen, bei dem das Wohl der Gemeinschaft eine Rolle spielt und Menschen des eigenen Lebensumfelds wie die Familie, die Berufskollegen, der Freundeskreis oder die Gemeinde mitberücksichtigt werden.

Sechs menschliche Wertvorstellungen (Tugenden) kristallisierten sich dabei heraus: Weisheit/Wissen, Mut, Menschlichkeit, Gerechtigkeit, Mäßigung und Spiritualität/Transzendenz.[42] Zusammengenommen bilden sie das ab, was man unter einem »guten Charakter« versteht und was seit jeher in vielen philosophischen Schulen und den meisten Religionen als Bestandteile eines glücklichen, gelingenden Lebens angesehen wird.

Die sechs menschlichen Wertvorstellungen sind nicht als normative Vorschriften aufzufassen, die zwingend einzuhalten sind. Vielmehr handelt es sich um positive ethische Leitlinien, die wünschenswerte Verhaltens*möglichkeiten* für uns darstellen. Wir können frei entscheiden, ob wir dieses an Werten orientierte Verhalten wählen möchten, um dadurch unsere Lebensfreude zu steigern und mehr Sinn im Leben zu erfahren. Mit der Entscheidung, wie wir uns verhalten wollen, ist aber zugleich auch persönliche Verantwortung verbunden. Wir müssen uns fragen, ob das gewählte Vorgehen ethisch vertretbar ist und ob wir mit unserem Verhalten tatsächlich das erreichen können, was unserer Absicht entspricht. Wenn wir zum Beispiel gerecht sein wollen, beinhaltet dies auch soziale Verantwortlichkeit. Nehmen wir an, wir wollen uns gegenüber einem jungen Arbeitskollegen loyal verhalten und ihm bei seiner ersten Arbeitsbesprechung in jedem Fall den Rücken stärken. Allerdings sind die Ideen, die er äußert, nicht die allerbesten. Wir stimmen ihm dennoch freundlich zu, auch wenn ein kritischer Einwand sachlich angebracht gewesen wäre. Es wäre aber sozial nicht verantwortbar gewesen, wenn der Kollege schon bei seinem allerersten Beitrag vor allen anderen Anwesenden bloßgestellt worden wäre. Durch die Zustimmung fühlt sich der Kollege dagegen gut aufgenommen, loyal unterstützt und mit seiner

Meinung anerkannt. Und er kann vielleicht selbst erkennen, dass sein Vorschlag verbesserungsbedürftig ist. In dem gegebenen Kontext lässt sich am Ergebnis feststellen, dass diese integrierende, loyale Haltung verantwortliches soziales Handeln ist und Züge von Gerechtigkeit umfasst, denn sie trägt zu einem guten Arbeitsklima bei, das für alle Anwesenden vorteilhaft ist.

Wir sind mit diesem Beispiel schon ein wenig über die grundlegenden menschlichen Wertvorstellungen hinausgegangen und haben betrachtet, wie Werte verwirklicht werden, nämlich durch persönliche Stärken. Mit diesen persönlichen Stärken wollen wir uns nun genauer befassen.

Menschliche Stärken und wie man sie am besten entfaltet

Was sind menschliche Stärken?

Können Menschen spontan sagen, was ihre Stärken sind? Woran erkennt man seine Stärken? Es geht ganz offensichtlich um etwas Positives, das die eigene Person kennzeichnet. Aber handelt es sich bei Stärken um besondere Fähigkeiten oder gar um Talente? Nein, Stärken sind keine Fähigkeiten, sondern menschliche Eigenschaften. Es sind auch keine besonderen Talente, wie man das zum Beispiel vom absoluten Gehör sagen könnte. Während Stärken moralische Eigenschaften sind und ethische Werte betreffen, haben Talente nichts mit Moral oder Ethik zu tun. Stärken – und zwar nahezu alle – kann man mit Energie und Entschlossenheit entwickeln. Sie beruhen auf Willenskraft. Talent für etwas hat man und wir entscheiden uns nur noch, ob und wann wir dieses Talent in unserem Leben nutzen wollen.

Stärken sind immer solche Eigenschaften, mit denen sich Menschen in besonderer Weise identifizieren. Es sind besondere Merkmale einer Person, die mit Werten verbunden sind, und die ein Gefühl von Authentizität verleihen. Spricht man zum Beispiel einen Menschen auf seine Stärken an, würde er ohne zu zögern sagen: »Ja, so bin ich!« oder: »Ja, genau das trifft auf mich zu!« Ein Beispiel kann dies verdeutlichen: Eine junge Frau mit zwei kleinen Kindern kann sich schwer vorstellen, nur noch Hausfrau zu sein und ihren Beruf als Ärztin gänzlich aufzugeben. In der Zeit, als sie nach der Geburt ihrer Kinder nicht berufstätig war, hat sie weiterhin regelmäßig Fachzeitschriften gelesen, Fachvorträge besucht und interessiert an Fachdiskussionen mit Kollegen teilgenommen. Aus Sicht ihrer Kolleginnen und Kollegen wird sie deshalb als sehr leistungsorientiert bezeichnet. Spricht man sie darauf an, stimmt sie ohne jede Einschränkung zu: »Ja, stimmt! Das bin ich! Ich bin einfach sehr wissbegierig. Mir liegt daran, mein Wissen zu erweitern. Und ich lerne gern.« Sie beschreibt damit zwei ihrer Stärken aus dem Leistungsbereich: ihre Neugierde und ihren Lerneifer. Oder ein anderes Beispiel: Ein junger Mann ist als Kollege sehr beliebt, weil er auch in Zeiten größter Arbeitsbelastung nie aus der Fassung zu bringen ist und seinen optimistischen Zukunftsblick behält. Geht etwas schief, reagiert er mit Humor und bleibt ganz gelassen. Spricht man ihn auf dieses Verhalten an, dann sagt er: »Stimmt! Ich habe mich meist ganz gut unter Kontrolle, die Hoffnung stirbt bei mir zuletzt, und ich mache alles mit Humor. Das ist mir auch wichtig.«

Stärken dienen übergeordneten Zielen. Man bringt sich damit im Beruf, in Familie, Partnerschaft, Freundeskreis, in der Gesellschaft oder der Freizeit in besonderer Weise ein. Lebt man eigene Stärken, dann tut man dies mit Begeisterung, zumindest aber mit einem starken Bedürfnis, so zu leben – wie dies auch bei den beiden Beispielen deutlich wird. Spricht man Menschen auf ihre Stärken an, stellt man fest, dass sie von ihrem Verhalten tief überzeugt sind und dass niemand sie davon abbringen könnte, so zu handeln, wie sie es ganz selbstverständlich tun.

Der Einsatz von Stärken führt meistens zu etwas Gutem, Vorzeigbarem, Wirkungsvollem und wird von positiven Gefühlen wie Freude oder Stolz und auch Zufriedenheit begleitet. Die Nutzung eigener Stärken ermüdet oder erschöpft nicht, sondern verleiht im Gegenteil sogar Kraft, gibt besonderen Schwung und kann Enthusiasmus bis hin zu Ekstase hervorrufen. Von unserer Gesellschaft wird die Entwicklung und Ausübung von Stärken durch Vorbilder, Rituale und Lebensregeln unterstützt.

Eine Palette von 24 Stärken

Insgesamt haben Martin Seligman und Christopher Peterson 24 verschiedene Stärken zusammengetragen, die allseits wertgeschätzt werden und für ein glückliches und zufriedenes Leben wichtig sind. Diese 24 allgemeingültigen Stärken sind auf der ganzen Welt nachzuweisen. In der folgenden Übersicht sind sie den sechs grundlegenden menschlichen Wertvorstellungen (Tugenden) zugeordnet, die durch die jeweiligen Stärken verwirklicht werden:[43]

- *Weisheit und Wissen*
  Stärken: Neugierde, Freude am Lernen, Urteilsvermögen, Kreativität, Weitblick.
- *Mut*
  Stärken: Tapferkeit, Durchhaltekraft, Ehrlichkeit, begeisterter Tatendrang.
- *Menschlichkeit*
  Stärken: Freundlichkeit, Liebe und Bindungsfähigkeit, soziale Intelligenz.
- *Gerechtigkeit*
  Stärken: soziale Verantwortlichkeit, Fairness, Führungsvermögen.
- *Mäßigung*
  Stärken: Bereitschaft zum Vergeben, Bescheidenheit, umsichtige Klugheit, Selbstkontrolle.
- *Spiritualität und Transzendenz*
  Stärken: Sinn für das Schöne und Wunderbare, Dankbarkeit, Hoffnung und Zuversicht, Humor, Religiosität/Spiritualität.

Zur genauen Erfassung der beschriebenen Stärken wurden ein Fragebogen für Erwachsene und einer für Jugendliche mit der Bezeichnung VIA-IS (**V**alues **I**n **A**ction, **I**nventory of **S**trengths) entwickelt.

Persönliche Stärken zu entfalten lohnt sich

Stärken kann man mit Entschlossenheit und vor allem mit Willenskraft erwerben. Sie sind die Grundlage für authentisches Glück und das Gute ist: Fast jeder Mensch kann sie erlernen. Mit unseren Stärken können wir dann bewusst Einfluss auf unser Leben nehmen und müssen uns nicht mehr hilflos den Ereignissen und Aufgaben des Lebens ausgesetzt fühlen.

Verschiedenen wissenschaftlichen Studien können wir entnehmen, dass es nützlich ist, wenn wir uns gezielt mit unseren Stärken befassen: Merkliche positive Veränderungen werden in Gang gebracht, die in nachhaltiger Weise unser Glück steigern.[44] Wie können wir die Anwendung von Stärken in unserem normalen Lebensalltag üben?

Übungen: Seine Stärken üben

- Übung 1: Eine Woche lang setzt man jeweils eine der oben aufgelisteten Stärken bewusst in seinem Leben ein: in der Familie, bei der Arbeit, im Umgang mit Freunden oder wann immer es möglich ist. Nach 24 Wochen hat man auf diese Weise jede der Stärken einmal genutzt und beginnt dann wieder mit der ersten. Der Kerngedanke bei diesem Vorgehen ist, dass jeder Mensch grundsätzlich jede der 24 Stärken in seinem Leben einbringen kann. In der ersten Woche bemüht man sich darum, kreativ zu sein. In der zweiten Woche nimmt man sich vor, neugierig zu sein. In der dritten Woche bemüht man sich, ein gutes Urteilsvermögen an den Tag zu legen. In der vierten Woche will man Lerneifer zeigen. In der fünften Woche will man sich in Weitsicht üben und so weiter. Damit dies gelingen kann, notiert man sich in seinem Kalender wochenweise hintereinander alle Stärken und bemüht sich dann, die jeweilige Stärke, die grade »dran« ist, im Alltag zu leben. Am besten nimmt man sich für jeden Abend auch einen Moment Zeit, um noch einmal in Ruhe darüber nachzudenken, ob man die Stärke tatsächlich realisieren konnte und welche Wirkung erkennbar war. Gut Gelungenes kann man sich anschließend stichwortartig notieren, um es sich auch später noch einmal ins Gedächtnis rufen zu können.
- Übung 2: Man ermittelt zunächst, welches die drei bis fünf größten persönlichen Stärken sind. Da sich in ihnen die eigene Wesensart in charakteristischer Weise ausdrückt, bezeichnet Seligman diese Stärken als »Signaturstärken«. Hat man seine Signaturstärken herausgefunden, setzt man diese drei bis fünf

größten Stärken möglichst täglich in seinem Leben ein: bei der Arbeit, in der Partnerschaft, in der Familie, im Freundeskreis, in der Gemeinde oder bei Vereinstätigkeiten. Am besten überlegt man sich bereits am Vorabend, was am nächsten Tag alles ansteht und wo man diese Stärken leben kann. Dabei kann man durchaus auch einmal seine Stärken in origineller neuer Weise dort zum Einsatz bringen, wo man sie normalerweise nicht nutzt. Wenn man zum Beispiel die Stärke *Sinn für das Schöne* normalerweise zu Hause lebt, indem man sich um eine ästhetisch ansprechende Blumendekoration kümmert, könnte man zur Abwechslung auch einmal den eher sachlich eingerichteten Arbeitsplatz mit einem Blumenstrauß verschönern und sich auf diese Weise ganz beiläufig eine kleine, vergnügliche Veränderung des eigenen Sichtfelds gönnen.

- Übung 3: Man nimmt gezielt jene Stärken in den Blick, die persönlich am schwächsten ausgeprägt sind. Nach dem Motto:»Hier besteht Nachholbedarf« versucht man, den eigenen Schwächen beizukommen, indem man sich bemüht, gerade diese noch wenig ausgeprägten Stärken ganz bewusst im eigenen Leben auszuüben. Manchmal wird man dazu vielleicht die eigene Umgebung so umgestalten müssen, dass sie diesen Stärken ein wenig entgegenkommt. Stellen wir uns dazu Frau S. vor, deren Schwäche es ist, dass sie mit Kolleginnen und Kollegen wenig direkten Kontakt aufnimmt. Vornehmlich kommuniziert sie mit ihnen per Email, so wie dies heute an vielen Arbeitsplätzen üblich geworden ist. Sie benutzt diesen Weg auch dann, wenn sie ihrer Kollegin von nebenan etwas mitzuteilen hat. Bei der Überprüfung ihrer Stärken konnte Frau S. feststellen, dass Freundlichkeit bei ihr zu wenig ausgeprägt ist. Zudem meidet sie mitmenschliche Kontakte, in denen es persönlicher werden könnte. Wollte sie jedoch ihr Kontaktverhalten verbessern, wäre künftig vorzugsweise der direkte Kontakt, von Tür zu Tür, angesagt. Diese Kommunikation mit Augenkontakt, freundlicher Mimik, Lächeln und Lachen, aber auch mit nonverbalem Ausdruck von Empathie, Wertschätzung und Respekt böte ihr die Chance für eine erfrischende, unmittelbare Begegnung, die das eigene Kontaktverhalten verbessern kann.

- Übung 4: Wir konzentrieren uns darauf, unser Glück möglichst zielgerichtet zu steigern. Nach dem Motto: »Ohne Umschweife zum Glück« werden genau diejenigen Stärken regelmäßig in allen Lebensbereichen genutzt, die nach den Ergebnissen der Glücksforschung am stärksten mit Glück zusammenhängen, denn es sind die unentbehrlichen Stärken.

Unentbehrliche Stärken

In wissenschaftlichen Studien wurden fünf Stärken gefunden, die einen besonders engen Bezug zu Lebensglück und Lebenszufriedenheit aufweisen und für erfüllendes Glück unabdingbar sind: Hoffnung, Neugierde, Dankbarkeit, Liebe und Bindungsfähigkeit sowie begeisterter Tatendrang. Welche dieser Stärken am meisten zu Lebenszufriedenheit beiträgt, konnte nicht eindeutig herausgefunden werden. Für die USA ist es die Dankbarkeit und für die Schweiz dagegen die Ausdauer. Bei den Briten sind die am deutlichsten ausgeprägten Stärken Urteilsvermögen, Fairness, Neugierde und Freude am Lernen. Ein bedeutsamer Zusammenhang zum Alter konnte allgemein für Neugierde und Freude am Lernen, Fairness, Vergebungsbereitschaft und Selbstkontrolle nachgewiesen werden.[45]

Alle Stärken konnten wir bereits bei den eingefügten kleinen Übungen ein wenig ausprobieren. Bei allen Imaginationsübungen konnten Neugierde und Hoffnung bereits ein wenig gelebt werden. Dankbarkeit, begeisterter Tatendrang sowie Liebe und Bindungsfähigkeit kommen dann im 7-Tage-Programm zum Glück noch zum Zuge. So haben Sie die Chance, gerade jene Stärken zu üben, die sich als direkte Türöffner zum Glück erwiesen haben.

Sechs Fähigkeiten glücklicher Menschen

Wenn es uns gelungen ist, geliebte Menschen und vertraute Freunde um uns zu haben, haben wir bereits grundlegende Voraussetzungen für unser Glück geschaffen. Wenn wir dann noch unsere Ziele erreichen können und unsere Bedürfnisse befriedigt werden, steht unserem Glück fast nichts mehr im Wege. Wichtig dabei sind jedoch spezifische Fähigkeiten der Lebensführung, die wir entwickeln müssen, wenn wir uns zu den glücklichen Menschen zählen wollen.

Die amerikanische Professorin an der Universität von Wisconsin-Madison Carol Ryff hat herausgefunden, dass sich glückliche Menschen durch sechs verschiedene Fähigkeiten auszeichnen:[46] Es ist zunächst die Fähigkeit, die alltäglichen Lebensanforderungen zu bewältigen. Hinzu kommt eine gute Selbstakzeptanz; glückliche Menschen kennen ihre Stärken, sehen aber auch ihre Schwächen. Sie gestalten darüber hinaus ganz bewusst gute, tragfähige Beziehungen zu anderen Menschen, verfügen über die Fähigkeit zu autonomem Handeln und sind nicht vom Urteil oder Handeln anderer Menschen abhängig. Sie sind außerdem in der Lage, in ihrem Leben einen Sinn zu erkennen, und sie haben auch die Fähigkeit, sich persönlich weiterzuentwickeln.

Menschen mit diesen sechs Fähigkeiten können ihr Leben in hohem Maße so beeinflussen, dass sie glücklicher leben. Wir kommen allerdings nicht schon mit solchen Fähigkeiten auf die Welt, sondern wir eignen sie uns im Laufe unseres Lebens mehr oder weniger gut an. Da sie die Grundlage für ein glückliches Dasein sind, ist es unumgänglich, diese Fähigkeiten auszubilden, und dass dies mit einigem Bemühen gut gelingt, zeigt die psychologische Forschung.[47]

Wir wollen uns im Folgenden mit zwei der oben beschriebenen Fähigkeiten noch etwas näher beschäftigen, nämlich mit Selbstakzeptanz und Autonomie. Es sind Fähigkeiten, die wir alle täglich benötigen, über die wir aber nicht unbedingt immer in angemessener Weise verfügen. Sie können aber gezielt erlernt werden.

Sich selbst mit seinen Stärken sehen und Schwächen akzeptieren

Selbstbild und Selbstwertgefühl

Welches Bild haben wir von uns selbst? Was für ein Mensch sind wir? Wie denken wir über uns und wie bewerten wir uns? Bei diesen Fragen geht es um unser Selbstbild und um eigene Stärken und Schwächen. Gedanken über uns selbst begleiten unseren Alltag fast ständig – zumeist in Form eines inneren, stummen Sprechens. Was bedeutet dies? Wenn es um unser Selbstbild geht, beschäftigen sich wir uns damit, wer wir sind, was wir sind und wohin wir streben. Beispielsweise können wir darüber nachdenken, welche berufliche oder soziale Rolle wir einnehmen oder künftig anstreben (z. B. »Ich bin Büroleiterin«, »Ich bin ein verheirateter Mann«, »Ich möchte auf jeden Fall Kinder haben«). Es kann auch um unsere körperliche Erscheinung gehen (z. B. »Ich habe eine neue Frisur«), um persönliche Eigenschaften (z. B. »Ich ärgere mich rasch«) oder um unsere Hobbys (»Ich spiele Volleyball«). Unsere Gedanken können sich auch mit eigenen Vorlieben oder Abneigungen beschäftigen (z. B. »Ich gehe gern ins Kino«, »Ich mag keinen Alkohol«) und mit eigenen Wertvorstellungen (z. B. »Respekt ist für mich wichtig«). Fügen wir all diese Aspekte zusammen, dann entsteht ein facettenreiches Bild, das zeigt, wie wir uns selbst sehen. Dabei können wir erkennen, was uns besonders charakterisiert und welche Seiten wir zu wenig beachten oder bisher zu wenig ausgebildet haben. Lisa beschäftigt sich zum Beispiel vor allem mit ihrer körperlichen Attraktivität. Ihr Selbstbild wird dadurch bestimmt, dass sie schlank, sportlich ist und sich modisch kleidet. Justus definiert sich vor allem über seine Leistungsfähigkeit, sieht aber auch seine guten sozialen Fähigkeiten.

Haben wir Selbstvertrauen, dann wissen wir zumeist, was wir können und wie viel wir uns zumuten können. Wir kennen unsere Fähigkeiten und wissen, dass wir auch schwierige Situationen in der Regel meistern können. Würden wir laut aussprechen, was uns bezüglich unseres Selbstvertrauens durch den Kopf geht, hieße das: »Ich kann das!«, »Ich weiß, dass ich das schaffen kann!« und: »Ich komme auch mit Schwierigkeiten zurecht!«

Wenn wir uns mit unseren Stärken und Schwächen beschäftigen, geht es darum, ob wir uns selbst achten können. Unsere Gedanken beziehen sich auf unsere Gefühle, dir wir uns selbst gegenüber haben, etwa Stolz oder Scham. Es geht außerdem darum, wie wir uns selbst bewerten: Sind wir der Meinung, dass wir zufrieden mit uns sein können und dass wir die Dinge gut machen und so wie wir sind, ganz in Ordnung sind? Je nachdem, wie wir über uns denken, kann dies selbstakzeptierend sein (z. B. »Ich finde mich, so wie ich bin, attraktiv«), selbstkritisch (z. B. »Ich könnte ein viel besserer Vater sein«), selbstbeschuldigend (z. B. »Ich habe mich furchtbar benommen«) oder aber gänzlich selbstabwertend (z. B. »Ich bin sowieso nichts wert«). Wer sich mit seinen Stärken und auch seinen Unzulänglichkeiten und Schwächen annehmen kann – und dies darf nicht nur ein passives Hinnehmen, Ertragen oder Dulden sein –, verfügt über die Selbstakzeptanz, die man zum Leben braucht. Sie drückt eine grundlegend positive Einstellung zu sich selbst aus. Beim Selbstgespräch würde es dann etwa heißen: »So bin ich: Ich habe gute Seiten, und mit meinen weniger guten kann ich leben.«

Oft bewertet man sich selbst viel zu pauschal, etwa im Sinne von »Ich bin ein totaler Versager.« Besser wäre es, sich differenzierter zu betrachten und die ganze Palette der verschiedenen Kompetenzen von sich zu sehen. Dabei wird sich zeigen, dass man keineswegs in allen Bereichen versagt. Schließlich hat unser Selbstbild eine Leistungsseite, eine soziale, eine emotionale und eine körperliche Seite. Unsere Leistungsseite bezieht sich auf Ausbildung und Beruf. Man könnte hier beispielsweise von sich sagen: »Ich bin ein eher praktisch veranlagter Mensch.« Beim sozialen Selbstbild geht es darum, wie wir uns als Freund oder Freundin, Partner oder Partnerin oder unter Kollegen erleben. Man könnte hier beispielsweise von sich sagen: »Ich bin ein rücksichtsvoller Partner.« Beim emotionalen Selbstbild geht es darum, wie wir unsere Gefühlslage beurteilen. Es könnte beispielsweise sein, dass man sich für einen Menschen hält, der oft niedergeschlagen ist, und von sich sagen: »Ich werde sehr von negativen Gefühlen bestimmt«, oder man hält sich für einen sehr liebevollen Menschen. Beim körperbezogenen Selbstbild spielt die äußere Erscheinung, die Attraktivität, die Sportlichkeit oder auch die Gesundheit eine Rolle. In der Selbstbetrachtung könnte man hier beispielsweise äußern: »Ich bin gesund«. Meint man, dass man eine exzellente Tennisspielerin ist, dann spiegelt diese Selbstaussage zugleich auch Selbstvertrauen wider, denn es geht hier um die eigene Überzeugung, eine bestimmte Kompetenz zu besitzen, also etwas gut zu können.

Wie kommt man zu dem Bild, wer man ist, was man ist und was die besonderen Kennzeichen der eigenen Person sind? Und vor allem: Wie kann diese Selbstsicht in einer akzeptierenden oder positiven Weise gelingen? Wissen über die eigene Person spielt hierbei eine wesentliche Rolle: über unsere Fähigkeiten, über unsere Gefühle, darüber, wie wir als Mitmensch erlebt werden, und wie wir uns selbst körperlich wahrnehmen. Das Selbstwertgefühl kann also von vielen Ereignissen beeinflusst werden, doch wesentlich ist insbesondere, wie man selbst die eigenen Leistungen wahrnimmt, wie man sich mit seinem sozialen Umfeld vergleicht und welche Rückmeldung man von anderen Menschen erhält.

Von Kindheit an wird der Selbstwert über Zuneigung und Anerkennung von Eltern und anderen Bezugspersonen gestärkt. Erfährt man bereits bei den eigenen Eltern – vor allem vom Vater – bedingungslose positive Zuwendung, unterstützt dies ein positives Selbstbild. Sind solche Bedingungen nicht gegeben, weil die Eltern aufgrund eigener Überforderung oder aus anderen Gründen ihren Kindern keine angemessene Beachtung schenken können, ist man auf die Wertschätzung und Anerkennung anderer Mitmenschen angewiesen, etwa von Geschwistern, Verwandten, Nachbarn, Kindergärtnerin, Lehrerin, Pfarrer, Fußballtrainer oder anderen Menschen, die sich mit uns beschäftigen.

Bei Kindern leitet sich der Selbstwert vor allem auch aus dem Erleben eigener Kompetenz ab: Beispielsweise gewinnt man beim Spiel, beherrscht einen bestimmten Sport oder kann gut für die Geschwister und das Haustier sorgen. Mut zu spüren und eigene Geschicklichkeit zu erleben wirkt sich ebenfalls positiv auf den eigenen Selbstwert aus. Beispielsweise erlebt der kleine vierjährige Max mit großer Begeisterung, dass er sofort ohne Stützräder Fahrrad fahren kann, und ist ganz stolz auf sich. Oder ein anderes Beispiel: Eine 40-jährige Patientin berichtet, dass sie bereits als Sechsjährige flüssig lesen konnte und damit ihrer Lehrerin sehr imponierte. Da sie bereits als Vierjährige ihre Mutter verloren hatte, fühlte sie sich oft sehr verlassen: »Beim Lesen kam ich in einen guten Zustand, der meine Traurigkeit milderte und mir Halt gab. Außerdem war ich sehr stolz darauf, dass ich mir mit dem Lesen die Welt erobern konnte. Ich fühlte mich dadurch stark.«

Im Jugendalter wird das Selbstwertgefühl vor allem durch Gleichaltrige beeinflusst: Mit ihnen vergleicht man sich, sie sind Vorbilder, und ihr Urteil ist maßgeblich. Als erwachsener Mensch kann man sich zumeist an eigenen Standards orientieren und unabhängiger von andern Menschen beurteilen. Bis zum Erwachsenenalter wird das Selbstbild aber sowohl von positiven als auch negativen Erfahrungen geprägt, sodass ganz unterschiedliche Eindrücke von der eigenen Person entstanden sein können. Waren sie überwiegend positiv, wird man von sich sagen: »Ich mag mich wie ich bin.«

Manchmal besteht die Kindheit jedoch nur aus wenigen Sternstunden. Was passiert, wenn die frühen persönlichen Lebenserfahrungen überwiegend unangenehm, schmerzlich und negativ waren? Dann wird die Meinung über die eigene Person auch eher negativ sein und sich in geringer Selbstwertschätzung ausdrücken: Man denkt zu kritisch über sich, sieht vor allem die eigenen Schwächen, beschuldigt sich selbst für Misslungenes, hegt Selbstzweifel, hat Schuldgefühle, schämt sich und lebt in ständiger Anspannung. Man vermeidet Herausforderungen und tritt nicht genügend für sich selbst ein. Wie kann man es dann schaffen, nicht mehr nur die eigenen Schwächen zu sehen und sich weniger streng zu beurteilen? Wie lernen wir, uns wertzuschätzen, zu achten und auch mit unseren Schwächen zu akzeptieren?

Lernen, sich selbst wertzuschätzen

Wenn man sich genau beobachtet, hat man immer eine Chance, ungünstige oder negative Meinungen über die eigene Person zu verändern. Ein erster Schritt in die richtige Richtung ist, dass man sich dabei tatsächlich mit allen Facetten wahrnimmt: Es geht dabei um die Leistungsseite, die sozialen Fähigkeiten, die Gefühlsseite und körperliche Aspekte. Wenn wir alle persönlichen Erfolge und jedes gute Gelingen, zu dem wir beigetragen haben, aufmerksam wahrnehmen, nichts sofort disqualifizieren, aber auch nichts für selbstverständlich halten, schenken wir uns angemessene Beachtung. Das gelingt vielleicht nicht auf Anhieb, aber es lässt sich mit der Zeit üben. Auch geübt werden muss, dass wir uns dann das Erzielte tatsächlich auch zurechnen, etwa mit einem stillen oder lauten Kommentar wie: »Das habe ich gut gemacht!«, »Das ist mir gut gelungen« oder: »Dazu habe ich maßgeblich beigetragen.« Sprechen wir auf diese Weise mit uns selbst, gehen wir wertschätzend mit uns um. Wenn wir Misserfolge zudem nicht überbewerten, sondern lediglich mit klarem Blick wahrnehmen und sachlich analysieren, wie es dazu gekommen ist, lernen wir immer besser, uns selbst zu akzeptieren.

Mit der Zeit werden wir aus eigenen Fehlern lernen und können unsere Schwächen ausgleichen. Dabei kann man bei weniger gutem Gelingen durchaus auch einmal eine »rosarote Brille« aufsetzen und etwas »beschönigen«. Ein Beispiel kann dies verdeutlichen: Der 28-jährige Herr D. hat sein Informatikstudium erfolgreich abgeschlossen und ist schon seit einigen Monaten auf Stellensuche. »Normalerweise finden Informatiker doch rasch eine Stelle«, meint sein bester Freund ganz verwundert. »Wieso will dich denn keiner? Sind alle anderen besser als du oder bist du zu anspruchsvoll?« Herr D. ist etwas irritiert und fragt sich, warum gerade sein bester Freund an seinen Fähigkeiten zweifelt. Er ruft sich in Erinnerung, dass er ein gutes Examen gemacht hat, und erklärt, dass er bisher bei seiner Suche nicht erfolgreich war, weil er ganz bestimmte Erwartungen an seine erste Stelle hat, die er nicht herunterschrauben möchte. Die bisherigen Angebote hätten seinen Erwartungen einfach nicht entsprochen und Kompromisse wolle er ohne Not nicht eingehen. Er sagt sich selbst deshalb: »Ich bin gut, das zeigt mein Examen, und ich weiß genau, was ich beruflich machen will. Ich suche unbeirrt weiter; es wird schon werden!« Eine solche optimistische Sichtweise macht zuversichtlich, verhindert übermäßige Selbstkritik, stabilisiert und dient dem Selbstwerterhalt, wie die Forschung gezeigt hat.

Auch ein »Vergleich nach unten«, also keine Orientierung an den »Besseren«, sondern eine Orientierung an den »Gleichguten« oder gar den »Schlechteren«, stützt den eigenen Selbstwert nachgewiesenermaßen. Herr D. kann sich demnach auch sagen: »Viele, die mit mir zusammen ihr Examen gemacht haben, haben auch noch keine Stelle. Also: kein Grund zur Panik, es liegt nicht an mir.«

Sind die Rückmeldungen anderer Menschen nicht anerkennend und positiv, ist es hilfreich und stabilisiert den eigenen Selbstwert, wenn man Kritik möglichst emotionsfrei als eine »wichtige Information« auffasst, die man ganz nach Lust und Laune als Anregung zur Veränderung für sich nutzen kann. Herr D. könnte deshalb seinem Freund aufmerksam zuhören und ihn fragen, warum er ihn für zu anspruchsvoll hält. Die Meinung seines besten Freundes, der ihn gut kennt, könnte ihn dazu bewegen, seinen hohen Anspruch zu hinterfragen. Vielleicht ist er tatsächlich überhöht, und er sollte ihn ändern.

Neben vielen anderen Einflüssen können vor allem schlechte Berufsaussichten und längere Arbeitslosigkeit den Selbstwert erheblich belasten. Gibt es allerdings Unterstützung von Partnern und Freunden, hilft dies, ein positives Selbstbild aufrechtzuerhalten. Um glücklicher zu leben, ist es darüber hinaus hilfreich, wenn man weiß, wie man sich selbst noch etwas besser akzeptieren und noch liebevoller oder wohlwollender mit sich umgehen kann. Übungen sind hier nützlich.

Positive Selbstaussagen bauen auf

Eine mögliche Übung geht auf den amerikanischen Forscher Emmett Velten[48] zurück. Er wollte herausfinden, wie man Menschen auf einfache Weise glücklicher machen kann. Die Teilnehmer seines Experiments mussten dazu lediglich 50 bis 60 positive selbstbezogene Aussagen, die ihnen vorgelegt wurden, erst still und dann laut vorlesen. Überraschenderweise veränderte sich die Stimmung dieser Menschen dadurch tatsächlich sehr deutlich zum Positiven. Als Velten-Technik wurde dieses Vorgehen dann auch weiterhin zur Verbesserung der eigenen Stimmung und zur Anregung einer positiveren Selbstbetrachtung erfolgreich verwendet.

Es lohnt sich also, eine eigene, individuelle Liste positiver Selbstaussagen aufzustellen und diese sehr einfache Technik auszuprobieren. Schon beim Sammeln von positiven Sätzen kommt es zu einer ganz entscheidenden Erweiterung des eigenen Blickfeldes und oft auch zu einer neuen Blickrichtung.

Übung: Sich von den eigenen positiven Seiten begeistern lassen
Die Übung zielt darauf ab, dass Sie Ihre positiven Seiten deutlicher wahrnehmen. Falls Sie spontan keine positiven Seiten an sich sehen, lassen Sie sich von dem, was in Ihnen stecken könnte, »anmuten«. Anmuten heißt, dass Sie sich gefühlsmäßig auf jede der beispielhaft vorgegebenen Selbstaussagen einlassen und dann – ganz wörtlich genommen – Mut fassen, zu sich zu sagen: »Ja, ich stelle mir jetzt vor, so zu sein.« Wenn die vorgegebene Selbstaussage Sie bereits zutreffend beschreibt, wird es Ihnen nicht schwerfallen, spontan zu sagen: »Ja, das trifft auf mich zu!«
Sie benötigen für diese Übung eine Sammlung von Sätzen, die positive Selbstaussagen darstellen und Merkmale beschreiben, die wir alle mehr oder weniger ausgeprägt besitzen oder besitzen könnten. Zum Beispiel:

- Ich bin liebenswert.
- Ich bin fröhlich.
- Ich bin klug.
- Ich bin hilfsbereit.
- Ich bin musikalisch.

- Ich bin einfühlsam.
- Ich bin fürsorglich.
- Ich bin ein guter Zuhörer.
- Ich kann gut singen.
- Ich kann gut Auto fahren.
- Ich bin leistungsfähig.
- Ich bin witzig.
- Ich bin geduldig.
- Ich bin belastbar.
- Ich bin mutig.

Übernehmen Sie alle Selbstaussagen, die Sie gut beschreiben, ergänzen Sie diese aber vor allem auch durch weitere, die auf Sie besonders gut zutreffen. Am Besten nehmen Sie sich dazu erst einmal etwas Zeit, um herauszufinden, was Sie bisher bereits alles erreicht und gemeistert haben. Fragen Sie sich auch, was andere Menschen an Ihnen mögen oder wertschätzen. Mit Hilfe dieser positiven Lebensbilanz werden Sie rasch eine ganze Menge Selbstaussagen zusammentragen können. Notieren Sie sich alle Aussagen jeweils einzeln auf einer Karteikarte.
Nehmen Sie den Stapel aller Karteikarten täglich einmal in die Hand und lesen Sie sich den Text der Karten langsam in achtsamer Weise vor. Achtsam heißt, dass Sie sich nicht bei jedem Satz zweifelnd fragen, ob alles auch wirklich auf Sie zutrifft. Nehmen Sie doch einfach einmal an, dass es so sein könnte oder dass es so ist. Dadurch verbessert sich nicht nur Ihre Stimmung, sondern es eröffnen sich Ihnen neue Möglichkeiten, wie Sie selbst auch noch sein könnten, wenn Sie es einmal ausprobieren.
Ist der Karteikartenstapel sehr umfangreich geworden, können Sie täglich fünf Karten ziehen, sich den Text durchlesen und überlegen, ob diese Aussagen für den heutigen Tag zutreffen, in der letzten Woche zutrafen oder ob Sie vielleicht bereits morgen versuchen könnten, sie in die Tat umzusetzen. Beispielsweise lesen Sie: »Ich bin gelassen!« Auch wenn Sie normalerweise nicht gelassen reagieren, warum sollten Sie sich dies nicht einmal für den nächsten Tag vornehmen?
Um es nicht zu vergessen, stecken Sie sich diese Karteikarte als

Erinnerungshilfe in die Hosen- oder Jackentasche oder legen sie dorthin, wo Ihr Blick am nächsten Tag immer wieder einmal drauffallen wird.

Abends können Sie sich dann fragen, ob Sie versucht haben, sich in dieser Weise zu verhalten, und wie gut es Ihnen bereits beim ersten Mal gelungen ist. Vielleicht könnte es sich lohnen, dranzubleiben.

Neben solchen positiven Selbstaussagen gibt es eine Reihe von Kommentaren zu unserem eigenen Tun. Selbstkommentierungen finden ständig und bei jedem Menschen statt. Nur sind sich viele dessen gar nicht so bewusst. Ob man nun Gelungenes oder Angenehmes innerlich mit sich selbst mit »Das habe ich gut gemacht!«, »Schön!«, »Super!«, einem erleichtertem »Das habe ich erledigt« oder wie auch immer kommentiert, ist ziemlich unwesentlich. Entscheidend ist jedoch, dass eine solche positive Kommentierung, bei der man sich selbst und die eigene erbrachte Leistung anerkennt, überhaupt stattfindet. Denn dies ist für die Entwicklung von Selbstachtung von zentraler Bedeutung. Hier zeigt sich, ob wir mit uns selbst freundlich, wohlwollend und versöhnlich umgehen oder ob wir uns nur allzu gern mit einem selbstachtungsschädlichen »Ja, aber ...«, einem herabwürdigendem »Na, ja ...« oder einem strafenden »Das war doch gar nichts!« begegnen.

Stattdessen sollten wir eine Form von Selbstkommentierung finden, die uns ermutigt. Wenn wir zum Beispiel eine Tätigkeit beginnen, kann ein einfaches »Ja, das mache ich jetzt!« schon unterstützend sein. Jede Fortsetzung kann mit »Gut, das hätten wir!« und jeder kleine Fortschritt oder Erfolg mit einem »Prima!« kommentiert werden. Wenn man bemerkt, dass man sich stets in Frage stellt oder alles für selbstverständlich hält, was gut gelingt, sollten die inneren Selbstgespräche unbedingt korrigiert werden.

Wenn wir auf diese Weise unsere Selbstakzeptanz stärken, ist unser Glück ein ganzes Stück nähergerückt. Nur müssen wir mutig, eigenständig und auch geduldig genug sein, diese Korrekturen an uns selbst und unserem Verhalten auch tatsächlich vorzunehmen.

Mutig eigene Wege gehen

Was lässt uns glücklich sein? Es sind drei Faktoren, die unser Glück maßgeblich bestimmen: unsere Persönlichkeit mit ihren Eigenschaften und Bedürfnissen, unser positives Sozialverhalten und unser Bemühen um persönliche Weiterentwicklung.[49] Nicht alle Aspekte sind gleichermaßen leicht zugänglich und beeinflussbar. Die eigenen Bedürfnisse sind leichter beeinflussbar als Persönlichkeitseigenschaften und soziale Beziehungen leichter als kulturelle Einflüsse, die auch eine Rolle spielen. Konzentriert man sich also nur auf die Aspekte, die leicht zu verändern sind, kann man auch damit sehr erfolgreich sein, weil dies oft einen positiven Dominoeffekt auslöst: Plötzlich verbessern sich auch andere Dinge fast wie von selbst.

Wir können immer selbst mitbestimmen, wo, wann und wie wir Einfluss auf unser Leben nehmen wollen. Wir können eigenständig entscheiden, welche Wege wir dabei gehen. Für die Gestaltung eines erfüllten Lebens und unser persönliches Glück ist dies ganz elementar, denn es geht dabei um unsere Autonomie und Willensfreiheit. Wir können und müssen Verantwortung für unsere Lebensgestaltung übernehmen, unsere persönlich wichtigen Lebensziele festlegen und wählen, welche unserer Stärken wir dabei leben wollen. Wohlüberlegt, mutig, engagiert und rücksichtsvoll können wir selbst bestimmen, auf welche Weise und mit welchem Einsatz wir unser Glück erreichen möchten. Das Gute fällt uns nicht einfach zu, sondern wir müssen verschiedene Möglichkeiten ausprobieren und auf diese Weise den für uns geeigneten Weg finden. Das vielfach erprobte 7-Tage-Programm zur bewussten Entfaltung der eigenen Stärken trägt dazu bei.

Der Weg zum Glück: Das 7-Tage-Programm

Täglich bewusst die eigenen Stärken leben

Wir brauchen alle täglich Anregungen für ein engagiertes Leben, in dem ganz bewusst die eigenen Stärken zum Einsatz kommen. »Der Weg zum Glück: Das 7-Tage-Programm« klingt vielversprechend und suggeriert, dass wir in sieben Tagen unser Glück finden können. Das kann durchaus auch so sein. Vor allem besagt diese Programmbezeichnung aber, dass es um Übungen für die ganze Woche geht, dass man also immer unterwegs ist in Richtung Glück – jeden Tag. Dabei geht es um ganz konkrete kleine Veränderungen im gegenwärtigen Leben, mit denen schon heute begonnen werden kann. Es gilt, Neues auszuprobieren, zu experimentieren und dabei herauszufinden, was persönlich am überzeugendsten und wirkungsvollsten erlebt wird. Nach einer Woche sollte tatsächlich bereits der Hauch einer Veränderung in Richtung Glück wahrzunehmen sein. Ist das der Fall, dann wird dies zum Weitermachen motivieren. Und so ist es gedacht. Die Übungen für sieben Tage beschränken sich also nicht nur auf sieben Tage, sondern sollten allmählich so weit wie möglich zur festen Gewohnheit werden.

Innehalten und Bilanz ziehen

Vor allem Übergänge im Leben veranlassen uns zum Nachdenken. Solche Übergänge gibt es viele im Leben. Sie können recht unterschiedlich sein. Da sind beispielsweise die Einschulung, der Schulabschluss, der Eintritt ins Berufs- oder Studienleben, die Heirat, die Elternschaft und das Ausscheiden aus dem Berufsleben zu bewältigen. Es wird dabei immer ein Lebensabschnitt beendet und ein neuer begonnen. Man fragt sich dann natürlich, ob man aus der jeweiligen Lebensphase machen konnte, was wichtig erschien und was man sich erhofft hatte und ob man die eigenen Potenziale immer voll ausgeschöpft hat.

Auch bei Wendepunkten im Leben, die mit einer Neuorientierung verbunden sind, halten wir inne und ziehen Bilanz: etwa bei einer Trennung, dem Beginn einer neuen Partnerschaft, bei einem Berufswechsel, einem Umzug, dem Wiedereinstieg ins Berufsleben oder auch bei einer schweren Erkrankung oder beim Tod eines geliebten Menschen. Wir denken dann zwangsläufig darüber nach, wie es weitergehen soll.

Doch nicht nur in diesen Schwellensituationen sollten wir innehalten. Auf dem Weg zum Glück ist es immer richtig, sich mit sich selbst zu beschäftigen und sich zu fragen, wie zufrieden man eigentlich ist. Das 7-Tage-Programm beginnt daher mit einer Bilanz. Die Beantwortung der von Michael Fordyce entwickelten Glücksfragen vermittelt uns wichtige Erkenntnisse über unser Lebensglück:

Übung: Glücksfragen[50]

Denken Sie einmal darüber nach, wie Sie sich im Durchschnitt fühlen. Würden Sie sich eher als einen glücklichen oder unglücklichen Menschen bezeichnen? Lesen Sie zunächst die folgenden Aussagen durch, und kreuzen Sie dann eine davon an, die im Durchschnitt am besten auf Sie zutrifft.

+ 5 vollkommen glücklich (sich wunderbar fühlen, euphorisch sein, voller Lebensfreude sein) 〇

+ 4 in hohem Maße glücklich (sich sehr gut fühlen, in Hochstimmung sein) 〇

+ 3 recht glücklich (gut gelaunt sein, sich kraftvoll fühlen) 〇

+ 2 eher glücklich (sich ziemlich gut fühlen, heiter sein) 〇

+ 1 ein wenig glücklich (sich geringfügig besser als neutral gestimmt fühlen) 〇

0 weder glücklich noch unglücklich (neutrale Stimmung) 〇

– 1 ein wenig unglücklich (sich geringfügig schlechter als neutral gestimmt fühlen) 〇

– 2 eher unglücklich (sich ein bisschen bedrückt fühlen) 〇

– 3 recht unglücklich (sich ziemlich bedrückt und lustlos fühlen) 〇

– 4 in hohem Maße unglücklich (sich depressiv und kraftlos fühlen) ◯

– 5 vollkommen unglücklich (sich absolut depressiv und völlig energielos fühlen) ◯

Was glauben Sie: Wie viel Prozent Ihres Lebens fühlen Sie sich – durchschnittlich betrachtet – unglücklich, glücklich oder neutral? Schätzen Sie den Prozentwert, so gut Sie können, und tragen Sie ihn unten ein. Beachten Sie, dass die Prozentangaben zusammen 100 Prozent ergeben müssen.

Durchschnittlich betrachtet fühle ich mich in meinem Leben
glücklich: _____ Prozent
unglücklich: _____ Prozent
neutral gestimmt: _____ Prozent.

Kursänderung erwünscht?
Entwickeln Sie Ziele für Ihren Alltag!

Strebt man eine Kursänderung im eigenen Leben an, dann ist es gut, erst einmal eine allgemeine Lebensbilanz zu ziehen, bei der es um das geht, was im eigenen Leben *gut* gelaufen ist, was man *gut* bewältigen konnte und auf was man selbst *stolz* ist:

Fragen Sie sich, in welchen Bereichen Ihres Lebens Sie Ihrem Idealbild nahe gekommen sind. Fragen Sie sich, in welcher Hinsicht Ihre Lebensumstände sehr gut sind. Fragen Sie sich, was Sie bisher in Ihrem Leben erreicht haben, und ziehen Sie dabei alle Bereiche Ihres Lebens in Betracht: Ihre eigene Person, Ihre Eltern, Ihre Geschwister, Ihren Partner, Ihre Familie, Ihre Freunde, Ihre Ausbildung, Ihren Beruf, Ihre Hobbys, Ihre Freizeitaktivitäten. Fragen Sie sich, was Sie sich früher einmal für Ihr Leben vorgenommen haben oder was Sie erwartet haben und was Sie davon bereits erreicht haben. Fragen Sie sich, ob Sie etwas ändern würden, wenn Sie Ihr Leben noch einmal leben könnten. Fragen Sie sich schließlich auch, was Ihnen in Ihrem bisherigen Leben als Ihr größtes Glück erscheint.

Schauen Sie nun bei Ihrer Lebensbilanzierung auch noch darauf, wofür Sie von nahen Bezugspersonen geschätzt und bewundert werden oder wofür Sie von anderen Menschen Anerkennung und Dank erfahren haben. Wenn Sie bemerken, dass Sie dies mit dem Gedanken »Da gibt es nichts Besonderes« ablehnen, dann ziehen Sie unbedingt einen wohlwollenden Ratgeber hinzu. Wer könnte das sein? Ein Mensch, den Sie kennen und der es gut mit Ihnen meint, liebevoll mit Ihnen umgeht und freundlich zu Ihnen ist. Es kann auch einfach eine wohlwollende Fantasiegestalt sein. Stellen Sie sich nun vor, dass dieser Begleiter oder diese Begleiterin die Augen ganz liebevoll auf die Dinge richtet, die Ihnen *gut* gelingen, und gehen Sie davon aus, dass er oder sie mehr sieht als Sie. Hören Sie Ihrem wohlwollenden Begleiter genau zu! Sie werden erstaunt sein, wie viel Positives plötzlich doch für Sie ersichtlich wird. Und nun berücksichtigen Sie sein freundliches Urteil.

Damit Sie Ihre Bilanz in aller Ruhe ziehen können, nehmen Sie am besten ein Blatt Papier und unterteilen es in Fünf- oder Zehnjahresabschnitte. Lassen Sie am unteren Blattrand noch Platz für eine Spalte, die Sie mit »Zukunft« bezeichnen. Dann notieren Sie auf der linken Blattseite im entsprechenden Zeitabschnitt die wesentlichen Eckpunkte Ihres Lebens wie beispielsweise Ihren Schulabschluss, Ihren Berufs- oder Studienabschluss, Hochzeitsjahr, die Geburt der Kinder, mögliche schwere Erkrankungen und Unfälle oder auch andere Ereignisse, die Ihr Leben kennzeichnen und Eckpunkte in Ihrer Lebensgeschichte sein könnten, an denen Sie sich orientieren können.

Im Anschluss können Sie damit beginnen, Ihr Leben in diesen Fünf- oder Zehnjahreseinheiten unter Einbeziehung dieser Eckpunkte zu überdenken. Notieren Sie sich, welche Erfolge, positiven Erfahrungen und »Lebens-Highlights« Sie bis zum jeweiligen Lebensjahr für sich verbuchen können.

Ein Beispiel zeigt Ihnen, wie Ihr Blatt aussehen könnte:

Zeit	Eckpunkte in Inas Leben	positive Lebenserfahrungen
bis zum 10. Lebensjahr	1976: meine Geburt 1980: Umzug nach F. 1982: Einschulung	Spiele mit Opa, Zoobesuche, Urlaub am Meer, neue Freundin, Besuche bei Opa, erstes Fahrrad, nette Lehrerin, Tennis
11.– 20. Lebensjahr	1995: Abitur, Banklehre begonnen 1996: Rolf kennengelernt 1996: Studium in H. begonnen	gutes Abiturzeugnis, nette Kollegen, verliebt in Rolf, mit Rolf in Mexiko, gute Klausuren, eigene Wohnung
21.– 30. Lebensjahr	2000: Studienabschluss 2001: Tätigkeit bei Firma B. 2001: Heirat, Jonas geboren 2002: Aushilfstätigkeit bei Firma C. 2003: Umzug nach K. 2003: Halbtagstätigkeit bei Firma A. 2005: R. in den USA tätig, mit Jonas dort 2006: Herzinfarkt von Vater	Guter Studienabschluss, interessante Tätigkeit, Lob für mein Projekt, Urlaube mit Rolf, mein neues Auto, Jonas geboren, Jonas kann laufen, nette Kinderfrau, neue Wohnung in toller Lage, beruflicher Aufstieg bei Firma A., Zeit in New York, verlässliche Freunde, Reisen in den USA, Vater überlebt, Besuch bei Eltern, Verständnis von Rolf
31.– 40. Lebensjahr	2007: zurück in Deutschland	unser Haus, Glück mit Jonas, Urlaub
Zukunft	Einschulung von Jonas, neuer Job?	Ziele: Jonas unterstützen, Jobsuche

Am besten lassen Sie sich für diese Aufgabe einige Tage Zeit, damit Sie nach und nach eintragen können, was Ihnen alles einfällt. Wichtig ist, dass Sie sich an all das intensiv zurückerinnern, was Ihnen in Ihrem Leben Freude gemacht hat, worüber Sie stolz sind, wofür Sie bewundert worden sind, Wertschätzung erfahren und Dank von anderen erhalten haben. Ganz wichtig ist: Es soll bei dieser Aufgabe um alles Erfreuliche im eigenen Leben gehen. Es ist nur von Interesse, was Ihnen gelungen ist oder angenehm für Sie war.

Alles, was Sie als Misserfolg werten, als Versagen ansehen oder als Versäumnis, notieren Sie – wenn überhaupt – auf der Rückseite, damit Sie den Kopf rasch wieder frei haben für Ihre positive Bilanz. In jedem Fünf- bis Zehnjahresabschnitt sollten sich einige Erinnerungen, mindestens aber drei bis fünf finden lassen, die Sie als erfreulich für sich verbuchen können. Wenn Sie diese vorgegebene Mindestzahl positiver Lebenserfahrungen nicht erreicht haben, suchen Sie notfalls etwas, das Sie mindestens im Ansatz als positiv und erfreulich bewerten können. Sie können auch Verwandte oder Freunde befragen, die manchmal noch mehr als wir selbst über die positiven Seiten unseres Lebens wissen.

Sie kennen nun Ihre Glückserfahrungen, auf die Sie in Gedanken immer wieder zurückgreifen können. Denken Sie darüber nach, ob Sie diese angenehmen Lebenserfahrungen, die Sie gemacht haben, weiter fortsetzen können bzw. wollen, und überlegen Sie auch, ob es Dinge gibt, die Sie gern ändern möchten. Auch bei einer noch so konsequenten positiven Bilanzierung gerät doch manchmal etwas in den Blick, mit dem man nicht ganz zufrieden ist. Falls dies so war und Sie bei Ihrer Bilanzierung des Positiven das Negative nicht ganz beiseite lassen können, überlegen Sie, was Sie daran ändern können und wollen. Mit anderen Worten: Es geht um Ziele, die Sie künftig anstreben möchten. Schreiben Sie deshalb ein Stichwort dazu in die Zeile »Zukunft« und wenden Sie es nach Möglichkeit ins Positive. Falls eine Veränderung in Ihrem Leben bevorsteht, die neue Aufgaben stellen wird oder andere Herausforderungen bietet, notieren Sie auch dies in der Zeile »Zukunft«.

Sie können Ihre Ziele noch durch weitere ergänzen, zum Beispiel im Bereich Familie, Partnerschaft, Freundeskreis, Beruf, Freizeit, Vereinstätigkeit. Wenn die Anzahl Ihrer neuen Lebensziele nun sehr umfangreich geworden ist, wählen Sie die beiden wichtigsten Ziele aus und unterstreichen Sie diese. Wenn es eine überschaubare Zahl von nicht mehr als fünf Zielen ist, bringen Sie diese in eine Reihenfolge entsprechend ihrer Wichtigkeit, indem Sie vor das wichtigste Ziel eine 1, vor das zweitwichtigste eine 2 (und so weiter) bis 5 schreiben.

Formulieren Sie sich jetzt Ihre Ziele möglichst genau, und zwar als

Annäherungsziele: »Ich möchte .... erreichen.« Bleiben wir beim Beispiel von Ina. Ihre beiden Zielbereiche sind Jonas und ihr Beruf. Sie möchte ihren Sohn zu einem guten Schulstart verhelfen und sich eine neue Halbtagstätigkeit suchen. Ina entscheidet sich dafür, dass ihr das Wohlergehen von Jonas zunächst am wichtigsten ist. Er muss sich in Deutschland erst wieder eingewöhnen, in einer neuen Wohngegend zurechtfinden und seine Einschulung meistern. Deshalb will sie die Wiederaufnahme ihres Berufes bis nach der Einschulung ihres Sohnes aufschieben, aber bereits jetzt schon auf geeignete Inserate achten. Sie will die Zeit außerdem dazu nutzen, Kontakte zu ihren Freunden wieder zu aktivieren, die durch den USA-Aufenthalt etwas eingeschlafen sind, will ihre neuen Nachbarn kennenlernen und versuchen, Kontakt zu einigen Eltern von Jonas' Klassenkameraden zu bekommen.

Machen Sie sich nun Gedanken darüber, welche Ziele Sie in welchem Lebensbereich, wann, wie und mit welchem Ergebnis anstreben möchten. Nehmen Sie sich dann vor, dass Sie an Ihren beiden wichtigsten Zielen bereits morgen gezielt zu arbeiten beginnen. Wo wollen Sie beginnen? Legen Sie Ihren Startpunkt fest und beginnen Sie in irgendeiner Weise tatsächlich bereits morgen damit, sich auf Ihre Ziele hinzubewegen.

Tag 1: Lernen Sie Ihre eigenen Stärken besser kennen

Die eigenen Stärken herausfinden

Nun befassen Sie sich mit Ihren Wertvorstellungen und Ihren persönlichen Stärken. Wie wir schon erörtert haben, handelt es sich dabei um universale ethische Qualitäten, die ein glückliches Leben mitbestimmen, nämlich um Weisheit, Mut, Menschlichkeit, Gerechtigkeit, Mäßigung und Transzendenz. Man verwirklicht diese Werte, indem man bestimmte menschliche Stärken in seinem Leben lebt. Zusammen bilden die Werte und Stärken Ihren Charakter. Jede Wertvorstellung kann durch verschiedene Stärken verwirklicht werden.

Um herauszufinden, welches Ihre Stärken sind, lesen Sie sich die folgenden Beschreibungen der 24 Stärken, die Seligman und Peterson zusammengetragen haben, durch.[51] Notieren Sie sich dann, welche Stärken

Sie sich selbst zuschreiben würden. Die einzelnen Stärken sind im Folgenden jeweils den sechs Wertvorstellungen zugeordnet, die sie erfüllen.

- **Weisheit und Wissen**

  Neugierde: Man ist stets für neue Erfahrungen offen und besitzt die nötige Flexibilität, sich auf all das interessiert einzulassen, was man nicht aus eigener Vorerfahrung kennt.

  Freude am Lernen: Man lernt begeistert Neues, bildet sich gern weiter, auch indem man z. B. Ausstellungen, Museen oder Vorträge besucht. Vielleicht hat der eigene Lerneifer bereits dazu beigetragen, dass man vom eigenen Umfeld als Experte auf einem bestimmten Gebiet angesehen wird.

  Urteilsvermögen: Man durchdenkt die Dinge gern logisch und kritisch, überprüft genau und fällt Urteile nicht aus dem Bauch heraus. Man fällt keine vorschnellen Urteile und wird für seine Objektivität geschätzt.

  Kreativität: Man ist einfallsreich, geht auch unkonventionelle, neue Wege und vermag Originelles zu leisten.

  Weitblick: Man hat einen Blick für das Wesentliche und eine reife Sicht des Lebens. Man wird aufgrund seiner Erfahrung gern von anderen Menschen um Rat gefragt.

- **Mut**

  Tapferkeit: Man setzt sich unerschrocken mit Bedrohlichem auseinander, statt Probleme oder Schmerz zu vermeiden. Man kann couragiert einen Standpunkt einnehmen, auch wenn er persönlich nachteilig ist. Man kann gefasst und in Würde Leid durchstehen. Man kann sich einer gefährlichen Situation trotz körperlicher und seelischer Belastung stellen. Man kann seinen eigenen Standpunkt gegen eine starke Opposition vertreten und Zivilcourage an den Tag legen.

  Durchhaltekraft: Man führt schwierige Projekte ohne viel zu klagen mit Ausdauer zu Ende, hält Zusagen ein, setzt sich beharrlich mit großem Fleiß ein und gibt nicht schnell auf.

  Ehrlichkeit: Man ist aufrichtig und wahrhaftig, in Worten und in Taten, hält immer sein Versprechen und wird auch von seinen Freunden so gesehen.

  Begeisterter Tatendrang: Man tritt der Welt mit Begeisterung und positiver Energie gegenüber, geht mit Leidenschaft an die Dinge heran und bringt sich mit Leib und Seele ein.

- **Menschlichkeit**

  Freundlichkeit: Man tut anderen Menschen gern einen Gefallen und verhält sich ihnen gegenüber wohlwollend und großzügig. Die Interessen anderer werden ebenso ernst genommen wie die eigenen.

  Liebe und Bindungsfähigkeit: Man kann Nähe zu anderen Menschen herstellen und misst engen Beziehungen und herzlicher Verbundenheit einen hohen Wert bei. Man ist fähig zur Nächstenliebe, kann aber auch freundliche Zuwendung und Liebe anderer Menschen annehmen.

  Soziale Intelligenz: Man besitzt eine gute Selbstkenntnis, versteht sich selbst ausreichend, kann auch die Bedürfnisse und Wünsche anderer wahrnehmen und reagiert angemessen darauf. Man weiß, in welcher Umgebung man am besten aufgehoben ist.

- **Gerechtigkeit**

  Soziale Verantwortlichkeit: Man fühlt sich einer Gruppe zugehörig, leistet im Team loyal seinen Beitrag und bringt anderen Respekt entgegen. Es geht hier auch um Bürgerverantwortung.

  Fairness: Man räumt jedem eine Chance ein und hat das Wohlergehen anderer ebenso im Blick wie das eigene. Man ist um Gleichbehandlung bemüht, hat keine Vorurteile und ist kompromissfähig.

  Führungsvermögen: Man kann gut organisieren und sorgt dafür, dass nicht nur die Arbeit getan wird, sondern auch ein gutes Gruppenklima herrscht. Man übernimmt die Verantwortung für Fehler und legt eine friedfertige Haltung an den Tag.

- **Mäßigung**

  Bereitschaft zum Vergeben: Man ist bereit zur Versöhnung und kann denjenigen verzeihen, die einem Unrecht zugefügt haben.

  Bescheidenheit: Man sucht nicht Bewunderung, sondern hält sich eher im Hintergrund und lässt seine Leistungen für sich sprechen.

  Umsichtige Klugheit: Man denkt sorgfältig nach, handelt vorausschauend und kann abwarten, bis alle Seiten berücksichtigt sind. Man tut nichts, was man später bereuen müsste.

  Selbstkontrolle: Man kann seine Bedürfnisse ohne große Mühe auf das Notwendige beschränken. Man hat die eigenen Gefühle gut im Griff, ist selbstdiszipliniert und kann auch in Krisensituationen gelassen bleiben.

- **Spiritualität und Transzendenz**

  Sinn für das Schöne und Wunderbare: Man vermag das Schöne und Besondere in allen Lebensbereichen zu würdigen, kann darüber staunen und sich daran freuen, sei es in der Natur, Kunst, Wissenschaft oder im Alltäglichen.

Dankbarkeit: Man nimmt das Gute, das einem widerfährt, bewusst wahr und weiß es sehr zu schätzen. Man kann den empfundenen Dank auch in Worte fassen und ausdrücken. Die eigene Dankbarkeit kann sich auch auf die Natur, die Tierwelt oder Gott richten.

Hoffnung und Zuversicht: Man erwartet Gutes und setzt sich für die Zukunft optimistische Ziele, mit der klaren Hoffnung, sie auch erreichen zu können.

Humor: Man liebt Spaß und kann die schönen Seiten des Lebens sehen. Man kann witzig sein, bringt auch andere gern zum Lachen und begegnet der Welt mit einer eher spielerischen Haltung.

Religiosität/Spiritualität: Man ist davon überzeugt, dass es im Leben einen tieferen Sinn gibt. Das Denken und Handeln ist von religiösem Glauben bestimmt, der Orientierung gibt und Trost schenkt. Entsprechend der eigenen Lebensphilosophie hat man seinen festen Platz im Universum gefunden. Man fühlt sich getragen von etwas Größerem und lebt aus der Anbindung an dieses Größere heraus.

Fragebogen zu menschlichen Stärken

Wenn Sie es nicht bei einer groben Schätzung Ihrer Stärken belassen wollen, können Sie Ihre Stärken auch durch einen Fragebogen genauer erfassen lassen. Unter www.charakterstaerken.org werden Ihre persönlichen Stärken online ermittelt. Sie bekommen Ihr Stärkenprofil zugesandt, bei dem Sie Ihre eigenen Werte mit einem durchschnittlichen Stärkenprofil vergleichen können, das für deutschsprachige Verhältnisse erstellt wurde. Es gibt auch erste Normwerte für verschiedene Berufsgruppen.

Bringen Sie Ihre Stärken zum Einsatz

Was tun Sie nun mit Ihren neuen Erkenntnissen über Ihre persönlichen Stärken? Wenn Sie die fünf Stärken nutzen wollen, die den direktesten Weg zum Glück darstellen, dann konzentrieren Sie sich ganz auf Hoffnung, Neugierde, Dankbarkeit, Liebe und Bindungsfähigkeit sowie begeisterten Tatendrang und probieren Sie, eine oder mehrere dieser Stärken bereits schon morgen in verschiedenen Bereichen Ihres Lebens zu leben. Versichern Sie sich selbst zum Beispiel immer wieder, dass Sie das, was Sie sich vorgenommen haben, erreichen werden. Gehen Sie mal auf einem ganz neuen Weg zur Arbeit. Rufen Sie Ihre Kollegin an, die Ihnen behilflich war, und danken Sie ihr nochmals ausdrücklich. Nehmen Sie Ihren Partner/Ihre Partnerin mal wieder liebevoll in den Arm und beginnen Sie mit dem schon lange geplanten Aufräumen des Kellers. Diese Beispiele sollen Sie lediglich anregen. Finden Sie etwas, das für Sie persönlich geeignet ist und eine Herausforderung darstellt. Am Abend lassen Sie den Tag dann noch einmal in Ihrer Erinnerung an sich vorüberziehen. Prüfen Sie, ob Sie eine dieser Stärken genutzt haben. Falls das nicht der Fall war, überlegen Sie, wie Ihnen das am folgenden Tag gelingen könnte.

Wenn Sie eine der Stärken verwirklichen konnten, rufen Sie sich in Erinnerung, welchen Effekt Sie dabei erzielt haben. Kommentieren Sie Ihre Erinnerung abschließend in positiver Weise mit einem verdienten Eigenlob etwa so: »Prima! Ich habe daran gedacht, diese Stärke zu nutzen« oder »Das habe ich gut gemacht!« Bemühen Sie sich, diese Stärken auch in den kommenden Tagen möglichst oft einzusetzen. Wenn Sie sich auch künftig jedes Mal loben, wenn Sie Ihre Stärken realisieren, gibt es eine Erfolgsgarantie.

Tag 2: Andere zum Mitfreuen anregen: Erzählen Sie Ihre Erfolgsstory

Eigentlich sollte es an jedem Tag irgendetwas geben, das Sie zu Ihrer Erfolgsstory machen können. Es geht dabei nicht darum, dass Sie sich angestrengt überlegen, welche herausragende Leistung Sie vollbracht haben, sondern darum, ein Auge und ein Gespür dafür zu bekommen, was Ihnen an jedem Tag gelungen ist, also auch an diesem Tag. Manchmal gelingen uns Dinge so überraschend gut, dass wir gleich ganz spontan jemandem, der uns nahe steht oder vielleicht auch dem erstbesten, den wir treffen, davon erzählen möchten. Manchmal geht auch ein Tag vorüber, ohne dass es groß etwas darüber zu berichten gibt. Jedenfalls gibt es keinen herausragenden Erfolg.

Stellen Sie sich nun aber einfach vor, dass an jedem Tag irgendeine

Erfolgsstory in Ihr persönliches Tagesblatt hinein muss und sei es auch noch so eine winzige. Suchen Sie also nach dem, was Ihnen im Laufe des Tages gelungen ist oder was durch Ihren Einfluss so positiv verlaufen ist, dass man einfach darüber sprechen muss. Wenn Sie irgendetwas gefunden haben, beispielsweise, dass Sie Ihre Kinder dazu gebracht haben aufzuräumen oder dass Sie im Team einen guten Vorschlag unterbreitet haben, der Zustimmung fand, dass Sie seit längerem mal wieder joggen waren oder dass ein idealer Vertragsabschluss zustande gekommen ist, dann überlegen Sie sich nun, welchem Menschen Sie davon erzählen möchten.

Bedenken Sie dabei, dass es eine Person sein sollte, die sich gern mit Ihnen freut. Denn darum geht es bei dieser Übung auch. Sie sollen nicht nur Ihre kleinen oder größeren Erfolge wohlwollend selbst wahrnehmen, sondern auch darüber berichten. Dabei sollen Sie nicht prahlen, sondern mit der emotionalen Beteiligung, die Sie selbst bei diesem Erfolg erlebt haben, einfach authentisch davon erzählen. Die Art Ihrer persönlichen Begeisterung sollten Sie Ihrem Zuhörer oder Ihrer Zuhörerin mit möglichst treffenden Worten mitteilen, etwa mit »Ich muss dir etwas erzählen, auf das ich ganz stolz bin« oder »Ich habe mich heute riesig gefreut, dass ich ...«. Erzählen Sie Ihre Erfolgsstory mit einer mitreißenden gefühlsmäßigen Beteiligung, die Ihr Gegenüber zum Mitfreuen anstiften kann. Die Chancen sind groß, dass Sie positives Feedback bekommen, das Sie stärkt.

In der Rückschau am Ende des Tages überlegen Sie noch einmal kurz, ob Sie spüren konnten, dass sich Ihr Gegenüber mit Ihnen gefreut hat oder Ihren Stolz über Ihre Leistung einfühlsam miterleben konnte. War dies nicht ganz so, wie Sie es sich gewünscht haben, prüfen Sie beim nächsten Mal, wenn Sie eine Erfolgsstory von sich erzählen, ob Sie klar genug zum Ausdruck bringen, wie schön, gut oder erfolgreich es für Sie war. Sie können vielleicht auch einen anderen Menschen wählen, dem Sie Ihre nächste Erfolgstory erzählen, und überprüfen, ob Sie dort eine größere Anteilnahme erfahren. Falls dies nicht der Fall ist, üben Sie sich noch ein wenig mehr darin, sich Mitfreuende zu beschaffen etwa durch die Frage:»Findest du nicht auch schön, dass ich ...?«

Bei dieser Übung können Sie sich darin üben, auf kleine positive Auswirkungen Ihres Handelns zu achten, und lernen, sie als persönliche Erfolge zu verbuchen. Außerdem können Sie durch eine offene, begeisterungsfähige Mitteilung eine wichtige Stärke nutzen, nämlich Ihr Bindungsvermögen, und Ihre sozialen Beziehungen festigen und in angenehmer Weise beleben. Denken Sie daran, dass auch andere Menschen gern ihre »Erfolgsstory« erzählen, und seien Sie dann Ihrerseits ein guter Zuhörer oder eine gute Zuhörerin.

Tag 3: Dankbarkeit strahlt zurück – vom Glück der Anerkennung und Wertschätzung

Überlegen Sie sich, welche Menschen Ihnen in Ihrem Leben in irgendeiner Weise Gutes getan haben. Es waren Menschen, die Sie vielleicht freundlich unterstützt oder gefördert oder sich liebevoll um Sie gekümmert haben, Ihnen geholfen haben oder großzügig zu Ihnen waren. Schreiben Sie sich die Namen dieser Menschen auf und lassen Sie sich zunächst einmal von Ihrer Namensliste beeindrucken. Möglicherweise ist es eine überraschend kurze Namensliste. Sie sind entsetzt und überlegen, ob es wirklich sein kann, dass so wenige Menschen Sie wohlwollend behandelt haben. Haben Sie aber wirklich an alles gedacht, was Ihnen Gutes widerfahren ist? Fehlt Ihnen möglicherweise der nötige Blick für das Positive?

Vielleicht ist Ihre Namensliste auch beachtlich lang. Aber erstmals wird Ihnen dies jetzt so richtig klar. Überlegen Sie dann, ob Sie all diesen Menschen dafür in ausreichendem Maße gedankt haben. Sollte es keine Person auf dieser Liste geben, der Sie noch nicht gedankt haben, müssten Sie sich eigentlich nun bei sich selbst bedanken, denn Ihr Verhalten war gut und richtig. Sollten Sie aber eine Person auf dieser Liste entdecken, der Sie noch nie so ganz ausdrücklich dafür gedankt haben, dass sie so freundlich zu Ihnen war, sie unterstützt und gefördert oder Ihnen vertraut hat, Ihnen Geborgenheit gegeben hat oder Trost und Hilfe, dann entschließen Sie sich jetzt, den längst fälligen Dank nachzuholen.

Schreiben Sie einen Dankesbrief. Das wird vielleicht nicht ganz einfach sein, aber im Bemühen, die treffenden Formulierungen zu finden, werden Sie noch ein bisschen näher an das Gute herankommen, das Ihnen dieser Mensch getan hat. Das Schreiben des Briefes hat den Sinn, dass Sie sich intensiv mit Ihrem Dank beschäftigen. Händigen Sie Ihren Dankesbrief dieser Person dann später persönlich bei einem »Dankbarkeitsbesuch« aus oder nehmen Sie Ihren Brief als Grundlage für einen mündlichen Dank.

Wie wird Ihre Dankbarkeit aufgenommen? Mit Überraschung? Mit Freude? Mit bescheidener Zurückhaltung? Achten Sie darauf, wie Ihr Dank ankommt. Normalerweise wird sich Ihr Gesprächspartner über Ihre Worte des Dankes freuen und Sie werden spüren können, dass es etwas Verbindendes zwischen Ihnen gibt, das durch Ihren Dank noch gefestigt wird. Außerdem hat jeder Dank in der Regel den Effekt, dass man sich auch künftig auf die freundliche Zugewandtheit des anderen verlassen kann.

Tag 4: Aller guten Dinge sind drei: Was hat Ihnen der heutige Tag gebracht?

An diesem Tag geht es darum, drei angenehme Dinge des Tages wahrzunehmen. Damit sind alle kleinen Vergnüglichkeiten gemeint, die der Tag bietet. Es können aber auch persönliche Erfolge im weitesten Sinne sein. Sollten Sie am Abend feststellen, dass Ihnen dieser Tag auch bei gründlichem Nachdenken nichts beschert hat, das Sie erfreut hat, müssen Sie dringend weiter über den Tag nachdenken. Denn es wird ganz gewiss drei kleine Dinge geben, die Ihren Alltag belebt, bereichert oder verschönt haben. Auch hier muss unsere Wahrnehmung für das Positive vielleicht erst noch geschult werden.

Gehen Sie den Tag noch einmal systematisch durch und lassen Sie ihn in all seinen Details vor Ihrem inneren Auge vorüberziehen. Sollten dabei noch immer keine weiteren Lichtblicke des Tages zu entdecken sein, wird es hoffentlich noch eine Gelegenheit geben, jetzt noch etwas aus diesem Tag zu machen. Sorgen Sie dann dafür, dass der Tag in angenehmer Weise für Sie ausklingt, etwa mit einem anregenden Gespräch, Ihrer Lieblingsmelodie, Ihrer Lieblingslektüre, einer heißen Schokolade, einem Glas Wein, einem netten Flirt oder einer befriedigenden sexuellen Begegnung.

Notieren Sie sich Ihre Tages-Highlights, damit Sie sich im Rückblick auch später immer wieder einmal daran erinnern können, welche Lichtblicke der Alltag für Sie bereitgehalten hat.

Tag 5: Öfter mal was Neues:
Realisieren Sie heute Ihre größte Stärke

Ihr großer Tag: Heute soll es darum gehen, Ihre größte Stärke einzusetzen. Welche das ist, wissen Sie ja jetzt. Nun geht es darum, komme, was da wolle, diese Stärke heute einzusetzen. Vielleicht haben Sie sich schon am Vorabend Gedanken darüber gemacht, wann Sie Gelegenheit dazu haben werden. Sie wissen, was an diesem Tag ansteht, welche Aktivitäten auf Sie zukommen und was Sie leisten müssen. Überlegen Sie, wobei Sie Ihre größte Stärke am besten einsetzen könnten. Und dann zögern Sie nicht, sondern nutzen Sie die erste Gelegenheit, die sich dazu bietet.

Nehmen wir einmal an, Ihre größte Stärke ist Ihr Tatendrang, verbunden mit Begeisterungsfähigkeit. Normalerweise bringen Sie diese Stärke im Rahmen Ihrer beruflichen Tätigkeit ein. Nun aber sollen Sie Ihre größte Stärke einmal in ganz neuer Weise praktizieren, zum Beispiel in einem ganz anderen Tätigkeitsfeld. Da zufällig gerade Sonntag ist, stehen die Sterne günstig. Sie müssen sich etwas einfallen lassen, wie Sie Ihre Stärke heute, am Sonntag, in Ihrem Leben realisieren. Sie erinnern sich. Es gab Zeiten, in denen Sie gern gemalt haben. Sie haben sogar Malkurse besucht, in denen Sie sich bestimmte Maltechniken angeeignet haben. Sie sind bestens gerüstet, aber es fehlt Ihnen noch ein geeigneter, ruhiger Platz in Ihrer Wohnung oder Ihrem Haus, an dem Sie Ihrer Passion nachgehen können. Die nötigen Materialien besitzen Sie noch. Sie entscheiden sich, Ihre Malutensilien in Ihrem Arbeitszimmer auszubreiten. Tatsächlich haben Sie bald eine Idee, die Sie in Form und Farbe verwirklichen möchten. Sie gehen ans Werk und sind für die nächsten Stunden mit Begeisterung dabei. Sie gehen ganz in Ihrem Tun auf und sind erfreut darüber, was Sie so spontan aufs Blatt bringen. Sie sind hochzufrieden mit sich und führen es ohne zu zögern Ihren erstaunten Freunden vor. Keiner wusste, dass Sie so gut malen können.

Der Einsatz Ihrer größten Stärke in einem neuen Wirkungsfeld wird vielleicht nicht immer so ganz glatt und einfach verlaufen wie in dem obigen Beispiel. Aber wie immer es auch ausgeht, Sie gewinnen in jedem Fall neue Freiräume. Was man gut kann, lässt sich auch in ganz anderen Zusammenhängen gut nutzen. Man ist zufrieden und die Erweiterung durch Neues belebt. Sie werden es als einen anregenden Zugewinn erfahren.

Tag 6: »Ich habe keine Stärken ...«
Warum den inneren Nörglern glauben?

Der erste Schritt zu größerer Selbstakzeptanz, zu einer Annahme der eigenen Person mit all ihren Stärken und auch ihren Schwächen, beginnt mit der Zuwendung zur eigenen Person. Dabei geht es zunächst um ein achtsames Innehalten. Altlasten aus der Vergangenheit, über die man schon oft gegrübelt hat, sollten dabei so weit wie möglich beiseite gelegt werden. Es geht erst einmal nur um die Gegenwart, und im Moment ist jetzt nur die eigene Person von Bedeutung. Unser Ziel soll es sein, die eigenen Stärken zu fokussieren, auch wenn wir dazu neigen, uns vor allem mit unseren Schwächen zu befassen.

Nehmen wir an, eine innere Stimme sagt immer wieder hartnäckig »Ich habe keine Stärken!« Kann das sein? Ein Mensch ohne jegliche Stärken? Das ist ausgeschlossen! Jeder Mensch hat etwas, das ihn in besonderer Weise auszeichnet und als persönliche Stärke gewertet werden kann. Oder es gibt den inneren Nörgler, der immer wieder sagt »Das war nicht gut!«, »Das hättest du viel besser machen können!«, »Du bist einfach eine Niete!«, »Das nächste Mal muss es viel besser sein!« Er bremst Sie aus. Er setzt Sie Schach matt. Er behindert Ihre Entfaltung. Wollen Sie das wirklich? Wollen Sie ihm wirklich glauben, wenn er beim nächsten Mal wieder so abwertend nörgelnd mit Ihnen und über Sie spricht?

Sie können sich jetzt entscheiden, dass Sie das nicht mehr wollen. Aber wie machen Sie Ihren inneren Nörgler mundtot?

Wir beginnen mit einer Achtsamkeitsübung, bei der es darum geht, drei Dinge jeweils nacheinander zu sehen, zu hören und zu spüren. Setzen Sie sich dazu bequem so hin, dass Sie gut spüren können, wie Ihre beiden Füße fest auf dem Boden stehen. Lesen Sie sich dann die Anweisung für diesen ersten Übungsteil durch und legen Sie das Buch danach für einen Moment aus der Hand. Die Übung ist so einfach, dass Sie sich die Anleitung dazu gut merken können. Halten Sie aber bitte die vorgegebene Reihenfolge Sehen – Hören – Spüren genau ein.

Übung: Sehen, Hören, Spüren
Wählen Sie drei Dinge aus, die Sie um sich herum sehen können, und konzentrieren sich nacheinander darauf. Richten Sie Ihren Blick zunächst auf den ersten Gegenstand, verweilen Sie dort kurz,

nehmen Sie das Gesehene achtsam wahr und richten Sie Ihren Blick dann in gleicher konzentrierter Weise auf den zweiten und schließlich den dritten.

Konzentrieren Sie sich dann auf drei Dinge, die Sie in diesem und den nächsten Momenten hören können. Sie können dabei Ihre Augen schließen, wenn Ihnen das lieber ist. Konzentrieren Sie sich jeweils kurz auf das erste Geräusch, nehmen Sie es achtsam wahr, achten Sie dann darauf, was Sie als nächstes hören können, und konzentrieren Sie sich einen Moment lang darauf, und achten Sie schließlich auf das dritte Geräusch, das Sie gerade wahrnehmen können.

Und nun richten Sie Ihre Aufmerksamkeit auf drei Dinge, die Sie spüren können. Konzentrieren Sie sich für einen Moment auf das, was Sie davon spüren, wie Ihr Körper in Kontakt zu Ihrer unmittelbaren Umwelt ist, also beispielsweise wie er auf dem Stuhl ruht oder wie Ihre Füße Kontakt zum Boden haben und wie Ihr Rücken die Rückenlehne berührt.

Atmen Sie nun einige Male tief ein und aus und bleiben Sie mit Ihrer Aufmerksamkeit noch für einen Moment ganz bei sich selbst.

Öffnen Sie dann die Augen und nehmen Sie dieses Buch wieder zur Hand, um weiterzulesen.

Nach dieser Einstimmung nehmen Sie ganz bewusst eine liebevolle, wohlwollende Grundhaltung sich selbst gegenüber ein. Führen Sie sich dann vor Augen, was Sie sich in allernächster Zeit vorgenommen haben. Es kann dabei um ganz Alltägliches gehen: den Berufsalltag oder die Haushaltsorganisation des nächsten Tages, die Planung für das Wochenende oder den nächsten Urlaub. All dies wird mehr oder weniger erfolgreich verlaufen können. Bevor Sie Ihre jeweilige Aktivität beginnen, stellen Sie sich vor, dass währenddessen immer jemand bei Ihnen ist, der Sie in einer liebevollen, wohlwollenden Weise begleitet. Wer könnte das sein? Ein Mensch, den Sie kennen und mit dem Sie in Zuneigung verbunden sind. Oder einfach eine wohlwollende Fantasiegestalt.[52]

Stellen Sie sich nun vor, dass dieser wohlwollende Begleiter (oder die Begleiterin) alles sieht, was Sie tun, und alles wahrnimmt, was Sie planen und von sich erwarten. Ihr Begleiter tut aber noch mehr. Er richtet die Augen ganz liebevoll auf die Dinge, die Ihnen gut gelingen. Er wird dabei viel mehr Gutes als Sie selbst sehen.

Nehmen Sie sich täglich ein wenig Zeit für ein kleines, imaginäres »Rendezvous« mit Ihrem wohlwollenden Begleiter bzw. Ihrer Begleiterin. Lassen Sie sich bei diesem Treffen von ihm oder ihr erzählen, was Sie alles gut gemacht haben. Sie werden Lob, Wertschätzung und Anerkennung erfahren für alles, was Ihnen gelungen ist, was Sie gut konnten, was Ihnen glatt von der Hand ging oder was Sie mit großer Anstrengung doch noch erreichen konnten. Genießen Sie diese Anerkennung, die er oder sie Ihnen bei dem Rendezvous entgegenbringt. Kosten Sie die Wertschätzung, die Sie erfahren, voll aus. Prägen Sie sich die Worte des Lobs gut ein.

Ihr zweiter Begleiter muss meist nicht groß gesucht werden. Die meisten Menschen haben ihn immer bei sich. Es geht um den inneren Kritiker. Immer dann, wenn wir nicht ganz zufrieden sind, meldet er sich lauthals mit seinem missmutigen Genörgel zu Wort, und wenn wir gar nicht mit uns zufrieden sind, betont er immer wieder vorwurfsvoll alles Negative, verallgemeinert es und macht uns klein.

Kritik ist natürlich grundsätzlich wichtig. Vor allem, wenn sie von außen kommt, sollte man Kritik zunächst als sachliche Information verstehen und nicht als einen Vorwurf oder eine Herabwürdigung. Es gilt, genau hinzuhören, damit Sie erkennen können, was vielleicht in Ihrem Verhalten störend oder nicht angemessen war. Haben Sie dies aus der äußeren und inneren Kritik herausgefiltert, fragen Sie sich, was besser oder anders hätte sein sollen. Fragen Sie sich auch, wie Sie es sich eigentlich optimalerweise gewünscht hätten. Wenn Ihre innere Stimme Ihnen sagt, was Sie beim nächsten Mal besser machen können, ist es eine hilfreiche Selbstkritik. Hören Sie aber immer nur das nörglerische »Eigentlich hättest du viel besser ...« oder »Die anderen haben aber ... und du nicht!« oder das disqualifizierende »Das war schlecht, ganz schlecht, du kannst einfach gar nichts!«, dann ist der Zeitpunkt gekommen, Ihren inneren Kritiker zum Schweigen zu bringen, Widerstand zu leisten und deutliche Widerworte zu geben.

Sie sollten aufmerksam dafür sein, was Sie gegen den Kritiker ins Feld zu führen haben. Prüfen Sie, ob Ihre Widerworte Sie stärken und Ihr Bild von sich selbst korrigieren. Wenn Sie nichts Überzeugendes gegen Ihren inneren Kritiker vorbringen können und darüber in einen Zustand geraten, in dem Sie immer negativer über sich selbst denken oder sich zunehmend bejammern, dann sollten Sie ein deutliches »Stopp!« zu sich sagen und noch einmal die Übung »Drei Dinge sehen, hören, spüren« durchführen, um sich aus Ihrer festgefahrenen Situation zu befreien. Diese Methode eines Gedankenstopps hat sich übrigens auch sonst gut bewährt, wenn man in eine negative Spirale des Grübelns geraten ist, die nur noch weiter herunterzieht.

Schließlich gibt es da auch noch einen dritten Begleiter. Während Ihr wohlwollender Begleiter sagt »Das hast du gut gemacht!« oder »Mir hat gefallen, dass du … «, sagt dieser Begleiter Ihnen »Leg mal eine Pause ein, setz dich doch mal aufs Sofa oder leg dich in die Hängematte!« Es ist Ihr fürsorglicher Begleiter, der darauf schaut, dass Sie genügend Zeit zur Besinnung haben, zum Auskosten des gut Gelungenen und zur Erholung bei engagiertem Handeln.

Hören Sie grundsätzlich immer alle drei Begleiter an, haben Sie aber für Ihren wohlwollenden Begleiter am meisten Zeit, für Ihren inneren Kritiker weniger Zeit und ziehen Sie den fürsorglichen Berater zumindest immer dann sofort heran, wenn Ihnen Ihr innerer Kritiker sehr zusetzt.

Mit dieser dreifachen inneren Begleitung fällt es leichter, ein stimmiges, zufriedenes und glückliches Leben zu führen. Der Kritiker kann durchaus auch anspornen mit dem Satz: »Du müsstest besser sein!« Der wohlwollende Begleiter kann Sie dagegen gut auf Ihre aktuelle Lage hinweisen und Sie ermutigen und ermuntern, solche Sätze sorgfältig zu überprüfen. Müssen Sie immer noch besser sein? Ist dieser Satz in Ihrem aktuellen Leben noch wichtig, richtig und wirklich brauchbar? Wenn dies nicht der Fall ist, sollten Sie neue Sätze entwickeln, die für Ihr aktuelles Leben nützlicher sind. Der fürsorgliche Begleiter ist Ihnen dabei eine Hilfe, weil er dafür sorgt, dass Sie in eine entspannte Stimmung zurückfinden und wieder flexibel werden. Ihr innerer Nörgler hat dann keine Chance mehr.

Und nun können Sie abschließend noch eine kleine Übung machen, für die Sie erneut ein wenig Fantasie entfalten müssen.

Übung: Eine angenehme Überraschung
Stellen Sie sich vor, jemand, der es sehr gut mit Ihnen meint und Ihnen etwas Nettes mitteilen möchte, hat sich eine Überraschung für Sie ausgedacht. Dieser Mensch – Mann oder Frau – hat Ihnen schon ein bisschen verraten, welche Überraschung er für Sie bereit-

hält. Er oder sie wird einen Flieger mit einem Banner vorbeischicken, auf dem etwas steht, das ganz allein für Sie bestimmt ist und Sie sehr freuen wird.

Während Sie spazieren gehen und sich einem Hügel nähern, von dem aus Sie die umliegende Landschaft gut überblicken können, hören Sie in der Ferne ein Flugzeug. Es wird lauter, kommt näher, und nun sehen Sie, dass es ein Sportflugzeug ist, das ein Banner hinter sich herzieht. Es ist der Flieger, der nur für Sie fliegt.

Und während das Flugzeug näherkommt, können Sie langsam erkennen, was auf dem Banner für Sie geschrieben steht. Es ist eine Botschaft, die Ihnen Freude bereiten wird. Während Sie zum Himmel hinaufschauen, wird die Botschaft immer besser für Sie erkennbar. Sie lassen diese angenehme Botschaft auf sich wirken, während das Flugzeug langsam an Ihnen vorüberfliegt und dann am Horizont verschwindet. Beschwingt und heiter gehen Sie dann weiter, atmen tief durch und freuen sich über diese Botschaft, die Sie für den Rest des Tages in eine gute Stimmung versetzt.

Tag 7: Vergeben befreit

Erinnern Sie sich an den Patienten, für den seine Fußballschuhe das Einzige waren, was ihn in positiver Weise an seine Kindheit und Jugend erinnerte? Es mag überraschen, dass er sich trotz der Schläge, die sein Vater austeilte, und trotz der ständigen Spannungen, die er mit ihm erlebte, immer darum bemüht hat, eine tragfähige stabile Beziehung zu seinem Vater zu entfalten. Es war ihm viel Unrecht geschehen, aber er hatte sich im Laufe der Jahre eines Tages entschieden, keine Schuldvorwürfe mehr gegen den Vater zu erheben. Seine Mutter war inzwischen verstorben, sein Vater lebte nun, alt geworden, allein. Er hielt es für seine Pflicht, sich um ihn zu kümmern. Lange hatte er überlegt, ob er den abgebrochenen Kontakt zu ihm wieder aufnehmen sollte, und rief sich noch einmal genau ins Gedächtnis, wie er unter seinem Vater gelitten hatte. Er erinnerte sich an seine hilflose Wut. Er spürte seine Scham wieder, und er hatte wieder eine sehr klare Erinnerung daran, wie schuldig er sich gegenüber seiner Mutter gefühlt hatte, der er nicht helfen konnte. Sein intensives Leid war ihm wieder sehr präsent. Beim distanzierten Nachdenken über seine Vergangenheit spürte er aber auch, wie hilflos und unglücklich damals auch sein Vater gewesen sein musste. Und dann entschied er sich, ihm zu verzeihen, und spürte sogleich, dass die alte Hilflosigkeit sich aufzulösen begann. Mehr und mehr fühlte er sich befreit. Nach einiger Zeit hatte er den Eindruck, dass es ihm tatsächlich gelungen war, seinem Vater zu vergeben. Er konnte ihn ohne den früheren tiefen Groll besuchen. Er spürte nun ein wohlwollendes Gefühl von Güte gegenüber seinem inzwischen alt gewordenen Vater in sich.

Wie schaffen Menschen es, zu vergeben, obgleich ihnen großes Unrecht widerfahren ist? Wie schaffen Sie es, obgleich sie unter etwas sehr gelitten haben, das sie verletzt hat? Zu vergeben bedeutet, einen Schuldvorwurf zu beenden. Das heißt nicht, dass man das verletzende Handeln damit entschuldigt oder relativiert. Vergeben heißt nicht, dass man das Erlittene ausradiert. Es heißt auch nicht, dass man das Verletzende ausblendet. Im Gegenteil. Man ruft sich alle Verletzungen und Kränkungen noch einmal ins Gedächtnis, und zwar so sachlich wie möglich. Man versucht dann, mit größtmöglicher Empathie den Blickwinkel dessen einzunehmen, der die Verletzungen begangen hat, und sich notfalls eine plausible Geschichte auszudenken, die erklärt, warum der Betreffende so gehandelt haben könnte. Man erinnert sich daran, dass einem auch selbst schon einmal verziehen wurde, als man versagt hatte oder zu weit gegangen war.

Und dann entscheidet man sich ganz bewusst, dass man über all das, was einem widerfahren ist, hinauswachsen möchte. Am besten legt man sich in irgendeiner Weise fest, dass man vergeben will, etwa indem man es dem besten Freund erzählt oder es in seinem Tagebuch notiert. Damit stellt man eine vertragsähnliche Verbindlichkeit für sich her, dass man es wirklich ernst meint mit dem Vergeben. Schließlich muss man auch dafür sorgen, dass man auch künftig daran festhält. Notfalls holt man dazu später sein Tagebuch wieder hervor und liest noch einmal nach, dass man sich fest entschieden hat zu verzeihen, und bringt sich erneut die Gründe in Erinnerung, die man dafür hat.

Dieses Vorgehen ist in der Psychotherapie mit der Kurzformel REACH umschrieben worden, was so viel heißt wie »die Hand ausstrecken«.[53] Jeder der fünf Buchstaben steht für einen Schritt, der vollzogen werden muss. R *(recall)* für Wiedererinnern, E *(empathy)* für einfühlenden Perspektivenwechsel, A *(altruism)* für altruistisches Geschenk des Vergebens, C *(commit)* für Sich-Festlegen und H *(hold on forgiveness)* für Festhalten an dem Entschluss zu vergeben.

Für manche Menschen ist der Prozess des Vergebens ein ganz entscheidender. Er beseitigt Barrieren, die Wege zu neuem, lebendigem Leben versperrt haben. Er hilft, sich aus der Opferrolle zu befreien und Verantwortung für sich selbst zu übernehmen. Für das eigene Glück ist es deshalb sehr wichtig, darüber nachzudenken, ob es etwas im Leben gibt, bei dem man Schritte des Vergebens einleiten sollte. Manche von uns hüten erlittene Verletzungen wie einen Schatz, den sie nicht hergeben wollen. Es lohnt sich aber zu verzeihen!

Die letzte Aufgabe des 7-Tages-Programms ist es deshalb, sich darüber klar zu werden, ob es alten Groll gibt, ungeklärte Verletzungen oder offene Rechnungen. Es geht darum, sich von diesen Altlasten zu befreien. Es geht um einen Abschluss, den man für sich selbst vollzieht, ohne den Menschen, der uns die Verletzung zugefügt hat, zur Rechenschaft zu ziehen, zu einem Schuldbekenntnis zu veranlassen oder zur Abbitte zu bewegen. Man tut es ganz für sich allein, um sich befreit fühlen zu können. Vielleicht spürt man auch ein Gefühl von Güte in sich, wie dies der Patient beschrieb. Es lohnt sich, diese letzte Aufgabe zu erledigen. Denken Sie ernsthaft darüber nach und beschäftigen Sie sich mit dieser Möglichkeit, die viel Kraft in Ihnen freisetzen kann.

Ziehen Sie Bilanz: Lust und Last eines engagierten Lebensstils

Nach Ablauf der siebentägigen Übungszeit ist eine erste Überprüfung angebracht. Ziehen Sie Bilanz, welche Erfahrungen Sie mit den kleinen Experimenten der letzten Tage gemacht haben und welche neuen Eindrücke und Erkenntnisse Sie über sich, Ihr Denken und Ihr Verhalten gewinnen konnten. Die Übungen waren ein erster Anstoß, dem eigenen Leben neue Impulse zu geben, um das eigene Lebensglück und die Zufriedenheit zu steigern. Sie konnten Stärken ausprobieren wie ein Kleidungsstück und schauen, was besonders gut zu Ihnen passt.

Der Schwerpunkt der Übungen, die Sie öfters wiederholen sollten, liegt auf der bewussten Nutzung eigener Stärken, der Verbesserung der Selbstakzeptanz und der Förderung zwischenmenschlicher Beziehungen. Die Übungen gelingen nur mit Ihrem Engagement und Ihrer Beharrlichkeit, denn teilweise sind sie auch anstrengend. Vielleicht haben Sie aber bereits erste positive Effekte verspürt, die Lust zum Weitermachen wecken konnten.

Über sich selbst hinauswachsen: Visionen für die eigene Zukunft

Haben Sie Visionen für Ihre Zukunft? Wenn nicht, dann lassen Sie sich durch eine besondere Wunschtraumübung anregen, in neuer Weise über sich nachzudenken. Es geht bei dieser Übung darum, dass man einen Wunschberuf wählen darf, der aber nicht der gerade ausgeübten Tätigkeit entspricht. Um das Feld der Möglichkeiten etwas einzugrenzen, gehen wir einmal davon aus, dass Sie eine Stelle in einem großen Hotel übernehmen können. Welche Tätigkeit könnte Ihnen gefallen? Was reizt Sie? Sie dürfen bei dem, was Sie machen möchten, ruhig etwas kreativ werden!

Viele Menschen wählen gerne die Tätigkeit des Gärtners, aber auch Berufe wie Bademeister oder Tennislehrer sind sehr attraktiv. Darüber hinaus möchten manche Menschen auch gern als Arzt oder Ärztin, Innenarchitektin, Barkeeper, Empfangsdame, Klavierlehrerin, Küchenchef und sogar als Imker oder Dichter in diesem Hotel tätig werden. Entscheidend ist nicht so sehr der Beruf selbst, sondern es geht um die schlummernden Wünsche und Möglichkeiten, die bei dieser Vision geweckt werden. Womit möchte man seinen Tag eigentlich gern verbringen? Was erscheint interessant? Was verspricht Anregung, wobei findet man auch noch die nötige Muße, was verheißt Erfüllung?

Übung: Mein Traumjob
Welche Aufgabe würden Sie gern übernehmen, wenn Sie eine Beschäftigung aufnehmen könnten, die aber nicht Ihrer derzeitigen Tätigkeit entsprechen darf? Was fällt Ihnen dazu ein und um was geht es Ihnen dabei? Welche bisher unausgelebten Potenziale können Sie in sich entdecken? Gibt es Entfaltungsmöglichkeiten, die Ihnen neue Spielräume eröffnen könnten? Gibt es Bereiche, in denen Sie Ihre Stärken einsetzen könnten? Denken Sie ganz entspannt darüber nach. Manchmal eröffnen sich mit nur kleinen Veränderungen ganz neue Möglichkeiten, die eigenen Stärken zu leben.

Zurück ins Land des Glücks

Zum Abschluss kommen Sie dann noch einmal ins Land des Glücks, das Sie ganz am Anfang bereist haben. Um das Land des Unglücks wollen wir uns jetzt nicht weiter kümmern. Richten Sie vielmehr Ihren Blick auf die Orte Ihrer Zufriedenheit. Stellen Sie sich diese Orte möglichst genau vor und geben Sie ihnen auch passende Namen. Und wenn Sie feststellen können, dass Ihre Glückslandschaft inzwischen konturierter geworden ist, dann ist das gut so. Sie haben sich dann offenbar einige neue Glücks-Oasen geschaffen, vielleicht auch Berge des Glücks entdeckt und Landschaften, in denen Sie sich nach Herzenslust engagieren können.

Lassen Sie Ihrer Fantasie noch einmal freien Lauf und malen Sie sich Ihr Glück erneut aus. Was möchten Sie dort finden? Und ganz in Ruhe können Sie überlegen, wo und wie Sie Ihr Glück erreichen möchten. An welchen Rastplätzen wollen Sie neue Energien auftanken? Welche Menschen werden sie begleiten und unterstützen? Welche Ihrer persönlichen Fähigkeiten werden Ihnen dabei helfen, Ihren Glückszielen näherzukommen? Woran werden Sie erkennen können, dass Sie Ihre Ziele erreichen? Malen Sie sich immer wieder alles genau aus. Machen Sie sich dann einen konkreten Plan, der Sie leiten kann.

Mit diesem Plan vor Augen und Ihren bisherigen Erfahrungen können Sie sich gut auf Ihren ganz eigenen Weg zu den Zielen begeben, die Ihnen erfüllendes Glück versprechen.

Wenn Selbsthilfe nicht ausreicht

Menschen geraten im Laufe ihres Lebens manchmal in psychische Krisen, die besser im Rahmen einer Psychotherapie zu bewältigen sind. Wenn Sie den Eindruck haben, dass Sie Ihr Glück nicht mehr ohne fremde Hilfe finden können, sollten Sie ohne zu zögern eine Psychotherapie in Betracht ziehen. Heute wird es immer selbstverständlicher, psychische Probleme genauso konsequent behandeln zu lassen wie körperliche. Wer heftige Halsschmerzen hat, geht ja auch zum Arzt.

Wie finden Sie eine für sich geeignete Psychotherapie? Informationen dazu gibt es im Internet unter www.bptk.de. Das ist die Homepage der Bundespsychotherapeutenkammer, die über die verschiedenen psychotherapeutischen Behandlungsformen informiert, die von den Krankenkassen finanziert werden. Hier gibt es auch hilfreiche Hinweise für die Therapeutensuche.

Zum Schluss: Ein leuchtender Stern als Begleiter

Wenn Sie sich ins Land des Glücks aufmachen, sind Sie auf einem guten Weg. So schreibt Hermann Hesse:

> »Die Menschen, denen auf Reisen Fremdes schnell und freundlich vertraut wird und die ein Auge fürs Echte und Wertvolle haben, das sind dieselben, welche im Leben überhaupt einen Sinn erkannt haben und ihrem Stern zu folgen wissen. Ein starkes Heimweh nach den Quellen des Lebens, ein Verlangen, sich mit allem Lebendigen, Schaffenden, Wachsenden befreundet und eins zu fühlen, ist ihr Schlüssel zu den Geheimnissen der Welt, welchen sie nicht nur auf Reisen in ferne Länder, sondern ebenso im Rhythmus des täglichen Lebens und Erlebens begierig und beglückt nachgehen.«[54]

Möge ein leuchtender Stern auf Ihren künftigen Reisen ins Glück und auch in Ihrem Alltag Ihr Fixpunkt sein, der sie sicher leitet und gut begleitet und Ihnen immer wieder den rechten Weg weisen kann.

Anhang

Anmerkungen

1 Die Karte von Madeleine de Scudéry wurde von W. Möckel nachgezeichnet. Sie findet sich in: Mees (1991), 164 f.
2 Vgl. Schönmann (2007).
3 Nietzsche (1980), S. 639.
4 Hesse (2001), S. 185.
5 Vgl. Seligman (2002), S. 39 f.
6 Vgl. ebd. (2002), S. 86 f.
7 Vgl. Fredrickson / Joiner (2002), S. 172–175.
8 Vgl. Tugade / Fredrickson (2007), S. 311–333.
9 Noelle-Neumann (1999), S. 5.
10 Vgl. Gerbert (1999), S. 171.
11 ZDF-Glückstagung, Glücks-Dossier, www.unternehmen.zdf.de (6. 12. 2007).
12 Vgl. Keyes / Haidt (2002).
13 Vgl. z. B. Diener / Lucas / Scollon (2006), S. 305–314.
14 Ich beziehe mich u. a. auf Ergebnisse eigener Studien, vgl. Frank (2007), S. 135.
15 Vgl. Gerbert (1999), S. 172.
16 Tabaluga tivi-Fachkongress des ZDF, 15.–16. November 2007 in Mainz, Glücks-Dossier, www.unternehmen.zdf.de (6. 12. 2007).
17 Vgl. Brodbeck / Buch / Frank (1998), S. 213–234; vgl. Hohenbild (2002).
18 Vgl. Klar (2007).
19 Diese Übung wurde durch die Freuden-Biografie der Jung'schen Analytikerin Verena Kast angeregt. Siehe Kast (2008) und Kast (2007), S. 119–129.
20 Vgl. Peterson / Park / Seligman (2005), S. 25–41.
21 Hölzel / Ott / Hempel et al. (2006).
22 Brecht (2000), S. 1174.
23 Vgl. Diener / Sandvik / Pavot (1991), S. 119–139.
24 Handke (1991), S. 32 f.
25 Heinz / Thöni (2004), S. 29.
26 Hesse (2003), S. 47.
27 Vgl. Bryant / Vernon (2007).
28 Hesse (2002), S. 307 f.
29 Noelle-Neumann (1999), S. 5.
30 Fordyce (1977), S. 511–521.
31 Vgl. Peterson / Park / Seligman (2005), S. 25–41.
32 Rheinberg / Manig / Kliegl et al. (2007), S. 105–115.
33 Maslow (1977).
34 Grosse Holtforth / Grawe (2002).
35 Vgl. Hayes / Strohsahl / Wilson (2004).

36 Überblick bei Wiese (2007).
37 Kasser / Ryan (2001), S. 116–131.
38 Kossak (2007), S. 159–177.
39 Jane Goodall in: von der Leyen (2006), S. 136.
40 Ebd., S. 141.
41 Vgl. Peterson / Seligman (2004).
42 Vgl. ebd.; vgl. Seligman (2002), S. 219.
43 Vgl. ebd., S. 225–258; vgl. Peterson / Seligman (2004).
44 Vgl. z. B. Seligman / Steen / Park et al. (2005), S. 410–421.
45 Vgl. Peterson / Ruch / Beermann et al. (2007), S. 149–156, und Linley / Maltby / Wood et al. (2007), S. 341–351.
46 Vgl. Ryff (1989), S. 141–166.
47 Vgl. Fava / Ruini (2003), S. 45–63.
48 Velten (1968), S. 473–482.
49 Vgl. Sheldon / Hoon (2007), S. 565–592.
50 In Anlehnung an den Emotionsfragebogen von Fordyce, vgl. Fordyce (1988).
51 Vgl. Peterson /Seligman (2004); vgl. Seligman (2002), S. 231–256.
52 Diese Übung greift eine Grundidee auf, die auf die Verhaltenstherapeutin Friederike Potrek-Rose zurückgeht. Vgl. hierzu Potrek-Rose (2007), S. 179–188.
53 Worthington (2001).
54 Hesse (2003), S. 37.

Literatur

Blothner, D. (2004). Der glückliche Augenblick. Gießen: Psychosozial.
Brecht, B. (2000). Die Gedichte. Frankfurt a. M.: Suhrkamp.
Brodbeck, C. / Buch, J. / Frank, R. (1998). Psychophysisches Wohlbefinden von Kindern. In: Amann, G. / Wipplinger, R. (Hg.): Gesundheitsförderung – ein multidimensionales Tätigkeitsfeld. Tübingen: dgvt, S. 213–234.
Bryant, F. B. / Vernon, J. (2007). Savoring. A New Model of Positive Experience. Mahwah, NJ: Lawrence Erlbaum.
Csikszentmihalyi, M. (1999). Lebe gut! Wie Sie das Beste aus Ihrem Leben machen. Stuttgart: Klett-Cotta.
Csikszentmihalyi, M. (2006). Flow – der Weg zum Glück. Freiburg i. Br.: Herder.
Diener, E. / Lucas, R. E. / Scollon, C. N. (2006). Beyond the hedonic treadmill. Revising the adaptation theory of well-being. In: American Psychologist 61, S. 305–314.
Diener, E. / Sandvik, E. / Pavot, W. (1991). Happiness is the frequency, not the intensity, of positive and negative affect. In: Strack, F. / Argyle, M. / Schwarz, N. (Hg.): Subjective Well-being: An Interdisciplinatory Perspective. New York: Pergamon, S. 119–139.
Fava, G. A. / Ruini, C. (2003). Development and characteristics of a well-being en-

hancing psychotherapeutic strategy: Well-being therapy. In: Journal of Behaviour Therapy and Experimental Psychiatry 34, S. 45–63.

Fennell, M. J. V. (2005). Anleitung zur Selbstachtung. Lernen, sich selbst der beste Freund zu sein. Bern: Huber.

Fordyce, M. W. (1977). Development of a program to increase personal happiness. In: Journal of Counseling Psychology 24, S. 511–521.

Fordyce, M. W. (1988). A review of research on the happiness measures: A sixty-second index of happiness and mental health. In: Social Indicators Research 20, S. 355–381.

Frank, R. (Hg.) (2007). Therapieziel Wohlbefinden. Berlin / Heidelberg: Springer.

Fredrickson, B. L. / Joiner, T. (2002). Positive emotions trigger upward spirals toward emotional well-being. In: Psychological Science 13, S. 172–175.

Gerbert, F. (1999). Anleitung zum Glücklichsein. In: Focus 9, S. 171–180.

Grosse Holtforth, M. / Grawe, K. (2002). Fragebogen zur Analyse motivationaler Schemata (FAMOS). Göttingen: Hogrefe.

Handke, P. (1991). Versuch über den geglückten Tag. Frankfurt a. M.: Suhrkamp.

Hayes, S. C. / Strohsahl, K. D. / Wilson, K. G. (2004). Akzeptanz und Commitment-Therapie. München: CIP-Medien.

Heinz, E. / Thöni, G. (2004). Friedensglocke – Wanderweg. Hg. von der Marktgemeinde Telfs.

Hesse, H. (2001). Sämtliche Werke, Band 6: Die Erzählungen 1. 1900–1906. Frankfurt a. M.: Suhrkamp.

Hesse, H. (2002). Sämtliche Werke, Band 10: Die Gedichte. Frankfurt a. M.: Suhrkamp.

Hesse, H. (2003). Sämtliche Werke, Band 13: Betrachtungen und Berichte. Frankfurt a. M.: Suhrkamp.

Hohenbild, J. (2002). Wohlbefinden von Jugendlichen. Eine explorative Untersuchung. Unveröffentlichte Diplomarbeit, Universität Gießen.

Hölzel, B. / Ott, U. / Hempel, K. / Reibold, K. / Stark, R. (2006). Wie wirkt Achtsamkeit? Eine Interviewstudie mit erfahrenen Meditierenden (Poster). Bender Institute of Neuroimaging der Universität Gießen.

Kasser, T. / Ryan, R. M. (2001). Be careful what you wish for: Optimal functioning and the relative attainment of intrinsic and extrinsic goals. In: Schmuck, P. / Sheldon, K. M. (Hg.): Life Goals and Well-Being: Towards Positive Psychology and Striving. Ashland, OH: Hogrefe & Huber, S. 116–131.

Kast, V. (2008). Freude – Inspiration – Hoffnung. Düsseldorf: Patmos Paperback.

Kast, V. (2007). Freuden-Biographie. Die Freuden der Kindheit wiedererleben. In: Frank, R. (Hg.): Therapieziel Wohlbefinden. Berlin / Heidelberg: Springer, S. 119–129.

Keyes, C. L. M. / Haidt, J. (Hg.) (2002). Flourishing. Positive Psychology and the Life Well-Lived. Washington: APA.

Klar, U. (Un-)Zertrennlich – Das Glück in Kinderfreundschaften und Peer Groups. Veranstaltungen: ZDF-Glückstagung, www.unternehmen.zdf.de (6. 12. 2007).

Klein, S. (2002). Die Glücksformel. Oder wie die guten Gefühle entstehen. Reinbek b. Hamburg: Rowohlt.

Koppenhöfer, E. (2004). Kleine Schule des Genießens. Groß Umstadt: Pabst Science.